August Bebel

Unsere Ziele

August Bebel
Unsere Ziele
ISBN/EAN: 9783743409286
Hergestellt in Europa, USA, Kanada, Australien, Japan
Cover: Foto ©ninafisch / pixelio.de

Manufactured and distributed by brebook publishing software (www.brebook.com)

August Bebel

Unsere Ziele

Unsere Ziele.

Von

Aug. Bebel.

Streitschrift gegen die „Demokratische Korrespondenz".

Dritte Auflage.

Leipzig.
Verlag der Expedition des Volksstaat.
1872.

Vorwort.

Die vorliegende Broschüre verdankt ihren Ursprung einer Polemik, welche ich zu Ende des Jahres 1869 gegen die damals in Stuttgart erscheinende „Demokratische Korrespondenz" zu führen gezwungen war. Die Veranlassung dazu war folgende:

Ende Oktober des genannten Jahres unternahm ich im Auftrag des Parteiausschusses eine längere Agitationsreise nach Süddeutschland. Im Laufe derselben kam ich auch nach Stuttgart, woselbst ich einen Vortrag über die soziale Frage hielt. In dieser Versammlung waren zahlreich die Mittglieder und Führer der würtembergischen Volkspartei und auch Herr Freese, Redacteur der „Demokratischen Korrespondenz", anwesend. Nach Schluß des Vortrags trat ein Herr Bankier Hausmeister, Mitglied der Volkspartei, auf und bekämpfte die sozialistische Tendenz desselben, ich antwortete widerlegend. Unzweifelhaft wäre es schon hier zwischen der Volkspartei und mir zum offnen Bruch gekommen, wenn nicht der damalige Redakteur des „Stuttgarter Beobachter", Herr Karl Maier, dazwischentrat und Versöhnung predigte. Die „Demokratische Korrespondenz" nahm die Differenz auf und zog in drei langen Artikeln gegen meine sozialistischen Tendenzen zu Felde, der „Stuttgarter Beobachter" druckte diese Artikel an seiner Spitze ab und sie erhielten dadurch eine weitere Verbreitung.

Nach Hause zurückgekehrt, verfaßte ich eine Reihe von Artikeln als Entgegnung, welche zu Anfang 1870 im „Volksstaat" erschienen und, später zusammengestellt, die vorliegende

Broschüre ergaben. Die gute Aufnahme, welche Seitens der Partei die erste Auflage gefunden und die fortgesetzt starke Nachfrage nach derselben veranlaßt mich, eine zweite herauszugeben. Ich habe dieselbe, wie sie das bessere Verständniß erheischte, mit verschiedentlichen Noten und Ergänzungen versehen.

Dem Schluß habe ich im Auszug mein Referat über die „Grund- und Bodenfrage" und die von mir vorgeschlagene Resolution auf dem Stuttgarter Kongreß der social-demokratischen Arbeiterpartei der am 5., 6. und 7. Juni 1870. stattfand, zum Abdruck gebracht. Ich habe es gethan, um über diese Frage und unsere Stellung zu derselben die möglichste Klarheit zu verbreiten.

Leipzig, d. 9. Sept. 1871. A. Bebel.

Die steigende Nachfrage hat eine 3. Auflage der vorliegenden Schrift nöthig gemacht. Ich habe dieselbe in verschiedenen Punkten abgeändert auch mehrfach mit neuen Noten versehen. Möge sie in dieser, sicher nicht verschlechterten Gestalt, als Agitations- und Aufklärungsmittel aufs Neue ihren Zweck erfüllen.

Leipzig, im Sommer 1872. Der Verfasser.

Der Vortrag, den ich am 20. November 1869 in der „Lieder=
halle" zu Stuttgart über die soziale Frage gehalten habe, hat der
„Demokratischen Korrespondenz" Veranlassung gegeben zu drei Artikeln,
in denen sie die Frage der „Staatshilfe" erörtert und eine Reihe Be=
denken gegen deren Ausführung aufstellt. Sie bedauert vor allen
Dingen, daß ich, statt diese Frage nach ihrer Meinung gründlich zu
erörtern, statt auf die Art der Lösung mich einzulassen, mich damit
begnügt habe, in allgemeinen Redewendungen dieselbe nur anzu=
deuten.

Dieses Verfahren meinerseits war natürlich. Ich sprach vor einem
Publikum, daß über die heutigen gesellschaftlichen Zustände eine von
den Anschauungen der Sozial=Demokratie abweichende Meinung hatte,
das in der Mehrzahl wohl gar der Ansicht war, daß die von uns auf=
gestellten Grundsätze willkürliche, jeder vernünftigen Basis entbehrende
seien. Es ergab sich also von selbst daraus für mich die Nothwendig=
keit, klar und scharf nachzuweisen, daß unsere heutigen gesellschaftlichen
Zustände selbst das Produkt eines langen geschichtlichen Entwicklungs=
prozesses sind, daß die Existenz= und Erwerbsverhältnisse früher wesentlich
von den heutigen verschieden waren, daß es also Thorheit ist, zu
behaupten und zu glauben, die heutigen socialen Zustände seien in
ihrer Grundlage unabänderlich. Ich gab also zu diesem Zwecke zunächst
eine **historische** Schilderung der Entwicklung der gesellschaftlichen
Einrichtungen und zeigte, wie nach und nach die heutigen modernen
Zustände entstanden sind. Daraus ergab sich wiederum von selbst eine
Beleuchtung der Folgen, welche sich naturgemäß und unausbleiblich
aus unserer modernen Gesellschaftsentwicklung ergeben. Das Resultat
war folgendes:

Der Feudalstaat und die während seiner Existenz aufkeimende
kleinbürgerliche Produktion (das Kleingewerbe) gingen, als sie ihren
Höhepunkt erreicht, in den modernen Staat und die kapitalistische
Produktionsweise über. Mit anderen Worten, an Stelle des Klein=
betriebs, der für Zustände ausreichte, wo es galt, nur das **nächste
tägliche** Bedürfniß zu befriedigen, trat der **Großbetrieb** (die Massen=
production) durch Manufactur und Maschinerie, welcher die Bedürf=
nisse des Weltmarktes zu befriedigen hat. Die Ausdehnung der mo=
dernen Industrie vernichtet die kleinen selbstständigen Existenzen, die
stets zunehmende Konzentrirung des Kapitals erhöht das Erforderniß,
großes Kapital zu besitzen, um als selbstständiger Unternehmer in den
Wettkampf der Industrie eintreten zu können. Dadurch wird die Zahl
Derjenigen, welche dieses Erforderniß zu erfüllen im Stande sind, eine
stets kleinere. Weiter: Die Konkurrenz des Kapitals unter sich zwingt
den Kapitalisten, der auf einem Gebiete der Industrie nicht mehr

konkurrenzfähig ist, ein anderes Gebiet industrieller Thätigkeit, das noch wenig oder gar nicht ausgebeutet ist, in das Gebiet der kapitalistischen Production hereinzuziehen. Dadurch wird ein Arbeitsfeld nach dem andern von der modernen Großindustrie erobert, die bisher auf demselben selbstständigen kleinen Existenzen vernichtet und in die Reihe der Lohnarbeiter geschleudert. Die nothwendige Folge eines solchen Gesellschaftszustandes ist die Beseitigung des sog. Mittelstandes und Theilung der Gesellschaft in zwei von einander scharf getrennte, in der Zahl und materiellen Stellung sehr verschiedene Klassen. Die eine Klasse, die mit der stets fortschreitenden modernen Entwicklung kleiner werdende, ist die Unternehmerklasse, die größere und sich stets vergrößernde, zuletzt die ungeheure Mehrheit umschließende zweite Klasse ist die Arbeiterklasse. Demgemäß handelt also der sogenannte Mittelstand — der Kleinbürger- und Bauernstand — in seinem eigenen Interesse, wenn er sich den Forderungen der eigentlichen Lohnarbeiterklasse anschließt, denn diese unterscheidet sich von dem sogenannten Mittelstand wesentlich nur dadurch, daß sie sich bereits factisch in Verhältnissen befindet, die letzterem erst, aber sicher, harren. Ich führte weiter aus: die ganze Kapitalbildung beruht nur darauf, daß die Arbeitskraft nicht als alleiniger Wertherzeuger, sondern als Waare, wie jede andere Waare in der Gesellschaft von heute angesehen wird; demgemäß ist die Arbeitskraft den Gesetzen des Waarenmarktes unterworfen, durch Angebot und Nachfrage regulirt sich ihr Preis und sie erhält in Folge dieses Gesetzes nicht den ganzen von ihr erzeugten Werth, den vollen Arbeitsertrag, sondern nur einen Theil desselben, den Lohn. Die Differenz zwischen dem Lohn und dem wirklich erzeugten Werth fließt in die Tasche des Unternehmers als „Risikoprämie" „Entbehrungslohn" und wie sonst die schönen Schlagworte heißen mit denen die Bourgeoisökonomen das herrschende Raubsystem benamsen, und krystallisirt sich in dessen Tasche zu Kapital. Der Unternehmer bildet also nicht aus dem Ertrag seiner eignen Arbeit, sondern nur dadurch, daß er fremde Arbeitskraft aufkauft und den Mehrwerth, den diese Arbeitskraft erzeugt, in seine Tasche steckt, das Kapital.

Ich muß die „Demokratische Korrespondenz" ersuchen, sich ganz besonders diese hier nur flüchtig angeführte Theorie der Kapitalbildung einzuprägen, weil ich gezwungen bin, später darauf zurückzukommen, um ihre Ausführungen von der „Naturanlage der kaufmännischen Ader", wie sie sich ausdrückt, und die Behauptung, daß der Kapitalist oder Fabrikant nicht aus Vergnügen, sondern aus Zwang Kapitalist und Fabrikant werde, in ihrer ganzen Richtigkeit nachzuweisen.

Was ist nicht so ein zwangsweiser Kapitalist oder Fabrikant für ein armseliges Geschöpf gegen einen „freien" Arbeiter! Gewiß, es ist Unrecht, daß das Arbeitervolk das nicht einsehen will!

Weiter führte ich aus: Da beständig durch Einführung neuer und Verbesserung vorhandener Maschinen menschliche Arbeitskraft überflüssig wird, in der Regel mehr Arbeitskraft vorhanden ist, als gebraucht wird, so ist die natürliche Folge ein mehr Sinken als Steigen des Lohnes. Das Sinken des Lohnes, wird noch dadurch befördert, daß die stets vervollkommnete Maschinerie es ermöglicht, an Stelle männlicher Arbeitskraft die weibliche, ja die Kinderarbeitskraft zu ſetzen. Die Konkurrenz der Arbeitskräfte wird alſo auch hierdurch noch vermehrt und ein weiteres Fallen des Lohnes iſt die natürliche Folge hiervon. Die ſtatiſtiſchen Erhebungen über die Arbeitsverhältniſſe in England, Frankreich, Belgien, Deutſchland ꝛc. zeigen, in welchem Maße durch die oben angeführten Einrichtungen das Maſſenelend geſtiegen, wie aber in demſelben Maßſtabe auch der ſogenannte „Nationalreichthum" gewachſen iſt. Eine ſcheinbar widerſprechende Erſcheinung, die ſich aber dadurch erklärt, daß der „Nationalreichthum" nicht gleichbedeutend mit Volksreichthum, vielmehr der Nationalreichthum nur der geſteigerte Reichthum (die rieſig gewachſene Profitrate) der an Zahl geringen Unternehmerklaſſe (jener „gezwungen" als Kaufmann und Fabrikant exiſtirenden Klaſſe — um mit der „Demokratiſchen Korreſpondenz" zu reden) iſt. Geſteigerter „Nationalreichthum" und vermehrtes Maſſenelend ergänzen alſo und bedingen ſich gegenſeitig. Eine ſolche Entwicklung unſerer Production hat nun, wie nachgewieſen, große Nachtheile für die große Mehrheit der Bevölkerung im Gefolge. Das kann, von einem gewiſſen Grad an, auch die herrſchende ökonomiſche Richtung nicht leugnen, und da ſie mit Schrecken ſieht, wie innerhalb der ſo unterdrückten Mehrheit die Unzufriedenheit wächſt und die herrſchende Klaſſe begreift, daß dieſe Entwickelung eines Tages zu ihrem eignen Verderben ausſchlagen muß, ſo ſucht ſie die Aufmerkſamkeit der Arbeiter und Kleinbürger (Handwerker) durch Anwendung von allerlei kleinen Mittelchen von der Erkenntniß ihrer wahren Lage abzuziehen.

Dieſe unter Firma der „Selbſthilfe" ausgebotenen und ins Leben gerufenen Heilmittel gegen die ſozialen Schäden ſind in ihrer materiellen Wirkung ſehr zweifelhafter Natur und in jedem Falle ungenügend. Die Enthaltungstheorie, das „Sparen" das man von jener Seite predigt, klingt wie Hohn, wenn man bedenkt, daß der Arbeitslohn in der Regel nur die Höhe des Preiſes der in einem Volke gewohnheitsmäßig eingebürgerten nothwendigſten Lebensbedürfniſſe erreicht, wobei noch zu beachten iſt, daß die Tendenz unſerer modernen Produktion, die Handarbeit durch den Maſchinenbetrieb zu erſetzen, es naturgemäß mit ſich bringt, den Lohn mehr unter als über das eben erwähnte Maß zu drücken. Unter ſolchen Umſtänden ſparen, heißt die nothwendigſten Lebensbedürfniſſe ſich verkümmern, heißt folgerichtig die phyſiſche und geiſtige Kraft des Arbeiters und ſeiner Familie ſchädigen und iſt — da die Geſellſchaft nur durch vermehrte Konſumtion (Verbrauch von Bedürfnißgegenſtänden) die Produktion (Erzeugung von Bedürfnißgegenſtänden) erhöhen kann — ſelbſt vom Standpunkt der heute herrſchenden Volkswirthſchaft zu verwerfen. Erwägt man nun, daß gerade diejenigen Arbeitsbranchen, welche materiell am tiefſten geſunken, bei denen Hülfe aber am nothwendigſten, abſolut nicht in der Lage ſind, etwas zu ſparen, dann ergiebt ſich die Hohlheit und Unzulänglichkeit dieſer Spartheorie von ſelbſt. Daß Einzelne, ja vielleicht ſogar einzelne Arbeitsbranchen in Folge ſehr günſtiger Lohnverhältniſſe, etwas zu „ſparen" im Stande ſind, ſoll nicht beſtritten werden, aber dies iſt doch nur möglich auf Koſten ihres Wohlbefindens und in jedem Fall in viel zu unzureichendem Maße, um Erhebliches darin erreichen zu können. Eine längere Krankheit, Unglücksfälle in der

Familie ꝛc. reichen hin, um das „Erſparte" zu vernichten. Dabei iſt noch zu beachten, daß günſtige Lohnſätze in einzelnen Branchen ſich auf die Länge nicht halten. Günſtiger Lohnſatz in einem Gewerbe zieht ſowohl neue jugendliche Arbeitskraft, als auch ſolche, welche in andern Branchen durch zu gedrückte Preiſe ſich nicht halten kann, an; daß Angebot von Händen ſteigt demgemäß, der Lohn ſinkt: das iſt der natürliche Lauf der Dinge unter den heutigen Verhältniſſen.

Aehnlich wie mit den Spar=, ſteht es mit den Konſumvereinen. Arbeiter in kümmerlichen Verhältniſſen können kaum die nöthigen Steuern für einen ſolchen Verein aufbringen; und treten, wie es ja oft der Fall iſt, ſei es durch Aenderung der Mode, politiſche oder ge= ſchäftliche Kriſen längere Arbeitspauſen ein, ſo geht der Verein zu Grunde, weil er nicht im Stande iſt, ſeinen Mitgliedern den Bedarf an Waaren zu kreditiren, da baar zu zahlen ſie nicht im Stande ſind. So kommt's denn, daß immer wieder nur die beſſer Situirten ſolchen Vereinen angehören, während der an allem Mangel leidende arme Teufel ihnen fern bleiben muß. Der materielle Nutzen der Konſum= vereine iſt übrigens zugeſtandnermaßen ſehr unbedeutend; es müßte Jemand eine ſehr lange Zeit Mitglied ſein, um ein Sümmchen zuſam= menzubringen, das den beſcheidenſten Anſprüchen Rechnung trägt; Kapitalien damit aufſparen zu wollen, wie ſie zur Selbſtfabrikation in unſerer heutigen Induſtrie nothwendig ſind, wäre ein lächerliches Unternehmen. Auch iſt es nicht zweifelhaft, daß, wenn durch Konſum= vereine ein erheblicher Theil der Arbeiter ſeine Lebensbedürfniſſe etwas billiger erlangte, dies bei dem herrſchenden Lohngeſetz ſeine Wir= kung üben und der Lohn um ebenſoviel ſinken müßte, als der Gewinn beträgt; der materielle Vortheil würde alſo aufgehoben. Eine gewiſſe moraliſche Wirkung auf die Arbeiter läßt die Gründung ſolcher Vereine nicht verkennen, indem ſie als Symptome des erwachten Klaſ= ſenbewußtſeins zu betrachten ſind und den Arbeitern zeigen, daß ſie nur in treuem Zuſammenhalten etwas erlangen können. Auch inſo= fern, als ſie den Arbeiter vor dem Betrug, für theures Geld ſchlechte und verfälſchte Waare einzutauſchen, bewahren, haben ſie einen Nutzen.

Vorſchuß= und Rohſtoffvereine ſind Inſtitute — nicht für den Arbeiter, ſondern nur für den kleinen Gewerbetreibenden, gegründet, um ihn vor der Konkurrenz des Großkapitals und dem Kreditmangel zu ſchützen. Beide ſind, trotz der rapiden Ausdehnung, welche namentlich die erſteren in Deutſchland erlangt haben, das zu leiſten nur ſehr vor= übergehend im Stande. Unſer Kleingewerbe wird naturgemäß von der Großinduſtrie mehr und mehr verdrängt.

Die zum Aushalten der Konkurrenz nothwendigen Kapitalien kann der Gewerbtreibende nicht erlangen, weil er die nöthige Sicherheit zu leiſten nicht im Stande iſt und ohne Sicherheit der Rückzahlung kann der Vorſchußverein nicht beſtehen. So ſind die Vorſchußvereine Inſtitute, welche, wie Laſſalle ſich ausdrückt, den Todeskampf des Kleingewerbes gegen die Großinduſtrie nur verlängern, ihn aber nicht aufhalten kön= nen. Daſſelbe gilt von den Rohſtoffvereinen.

Wie wenig in Wirklichkeit dieſe Vereine dem kleinen Handwerker, vom Arbeiter ganz zu ſchweigen, nützen, das zeigt unverkennbar die

Tendenz, welche sich gegenwärtig in den meisten Vorschußvereinen bemerkbar macht, nämlich: aus der Sphäre von Darlehnsvereinen zu Bankinstituten sich emporzuschwingen. Um dieses zu begünstigen, werden die monatlichen Mitgliederbeiträge bedeutend erhöht, was den Eintritt schon von vornherein dem sogenannten „kleinen Mann" unmöglich macht. Ebenso wird die Summe der Einlagen gesteigert. Ein großer Theil der Vorschußvereine ist schon jetzt vollständig in den Händen der kleinen Bourgeoisie, die durch die Inanspruchnahme der Kapitalien für Staats- und Eisenbahnanleihen, große industrielle Unternehmungen u. s. w., ihren Kredit sich nicht mehr anders beschaffen kann als eben durch diese Vereine. Hinzufügen will ich noch, daß seit Kurzem auch die Aktien der von den Schulze-Delitz'schen Genossenschaften gegründeten „Deutschen Genossenschaftsbank" auf der Berliner Börse zugelassen sind, die Bourgeoisnatur dieser Unternehmungen also officiell von den Finanzgrößen, unzweifelhaft in diesem Fall den besten Autoritäten, anerkannt ist*).

---

*) Wie richtig dieses über die Bourgeoisnatur der Vorschußvereine gefällte Urtheil ist, geht aus einer officiellen Erklärung hervor, welche der Anwalt der deutschen Genossenschaften Herr Schulze-Delitzsch auf dem 13. Vereinstag der Erwerbs- und Wirthschaftsgenossenschaften zu Breslau am 19. August 1872 abgab. Der Anwalt kam in seinem Jahresbericht auf die großen Veränderungen des Geldmarktes zu sprechen, welche durch den im Jahre 1871 geschlossenen Frieden mit Frankreich, den Zufluß der Milliarden und die gesteigerte Prosperität der Geschäfte entstanden sei. Der massenhafte Zudrang der Kapitalien habe die Vereine genöthigt ganz neue Wege für die Verwerthung derselben einzuschlagen. Man habe Großbanken angelegt, Effekten angekauft u. s. w., kurz Dinge getrieben, die zu dem „Genossenschaftswesen nicht recht passen wollten" und bei dem Mangel an Geschäftskenntniß auf diesem Gebiete vielen Vereinen dadurch große Verluste beigebracht.

Merkwürdig ist, daß in demselben Augenblick, wo die Kapitalien den Vorschußvereinen zuströmten, die Kleingewerbetreibenden aller Orten in Deutschland sich aufrafften und ein Jammergeschrei über ihre traurige Lage anstimmten. Ihnen hat also dieser „Zufluß der Kapitalien" nicht geholfen.

Auch ist es ein ganz oberflächliches Urtheil, wenn die Vertheidiger dieser selbsthilflerischen Genossenschaften aus dem raschen Wachsthum derselben und den stetig zunehmenden Kapitalumsätzen, auf eine **Verbesserung der Lage des Mittelstandes** schließen werden. Das **umgekehrte ist richtig**. Rasches Wachsthum dieser Genossenschaften beweist die **zunehmende Schwierigkeit der Beschaffung von Credit** für den Gewerbestand, diese zwingt ihn zur Gründung und zum Eintritt in die Vorschußvereine, in denen er seinen Credit theuer genug bezahlen muß.

Die bedeutendere Zunahme der Kapitalumsätze der Vorschußvereine wird eben nicht allein durch die vermehrte Mitgliederzahl, sondern ganz besonders — wie schon oben bemerkt — dadurch her-

Daß hiernach Produktivgenossenschaften zu gründen, für die Arbeiter so gut wie unmöglich ist, liegt auf der Hand. Die bestehenden Produktivgenossenschaften bestätigen dieses Urtheil. Viele Produktivgenossenschaften sind zu Grunde gegangen, die wenigen bestehenden leiden meist an Kapital- und Kreditmangel und können sich nur erhalten, indem sie der herrschenden kapitalistischen Produktionsweise Rechnung tragen, d. h. einen Theil des erzielten Reingewinns und zwar oft den größeren Theil an das Kapital abtreten. Die ungeheure Mehrheit der Arbeiter ist außer Stande, selbst diese Art von Produktivgenossenschaften durchzuführen**).

Gleichwohl ist die genossenschaftliche Production das einzige Mittel, um die Gegensätze in der Gesellschaft auszugleichen. Es muß an Stelle des Arbeitslohnes, wie er heute durch den Marktpreis der Waare „Arbeitskraft" bedingt wird, der volle Arbeitsertrag treten, d. h. jeder Mensch muß des vollen Ertrags dessen, was er durch geistige oder physische Kraft hervorgebracht, theilhaftig werden. Es ent-

beigeführt, daß die kleine Bourgeoisie in die Vereine eintritt und mit größeren Darlehn „arbeitet."

**) Herr Schulze-Delitzsch behauptete auch auf dem erwähnten Genossenschaftstag zu Breslau folgendes: „In die Consum- und Produktivgenossenschaften gehen immer mehr Sozialisten zu den Genossenschaften auf dem Prinzip der Selbsthilfe über, und wenn sie auch die Taktik beobachten, daß sie sich uns nicht unmittelbar anschließen, so holen sie doch Rath bei uns befreundeten Vereinen, nehmen die Grundsätze unserer Statuten an und es wird schon dahin kommen, daß sie schließlich noch Alle annektirt werden." Herr Schulze nimmt wie gewöhnlich den Mund sehr voll. Consumvereine zu gründen, beeilen sich die Socialisten nirgends, daß sie theilweise die ihnen durch solche Vereine gebotenen kleinen Vortheile brauchen, wird ihnen Niemand verargen können, aber nicht Ein Socialist in ganz Deutschland legt diesen Vereinen die Bedeutung bei, welche Herr Schulze ihnen zu geben sucht. Keiner hat die Ansicht damit auch nur ein Stückchen socialer Frage lösen zu wollen. Ganz ähnlich verhält es sich mit den Produktivgenossenschaften. Dergleichen sind in den letzten 2 Jahren mehrere von sozialistischer Seite gegründet worden entweder: um einer Anzahl im Kampfe gegen die Kapitalpartei brodlos gewordener und gemaßregelter Gesinnungsgenossen eine Stütze zu bieten oder, wie die in der Gründung begriffene Leipziger Genossenschaftsdruckerei um dem Profit nicht dem Kapitalisten sondern der Partei zu agitatorischen Zwecken dienstbar zu machen. Keiner der bei diesen Genossenschaften betheiligt ist bildet sich ein, damit die Lage der Arbeiterklasse auch nur um ein Jota zu verbessern, geschweige auf diesem Wege die ganze gegenwärtige Privatproduction beseitigen zu können. Die Socialisten brauchen jedes ihnen sich darbietende Mittel Vortheile für ihre Parteizwecke zu erlangen. Das ist der Grund, der von Herrn Schulze für seine Ansichten ausgebeuteten Erscheinung. Herr Schulze kann bis in alle Ewigkeit warten, wenn er hofft die Socialisten liefen zu ihm über.

steht also die Frage, woher die Mittel zur genossenschaftlichen Produktion nehmen. Die sogenannte Selbsthilfe bietet, wie nachgewiesen, nicht die Möglichkeit, diese Mittel zu beschaffen, weil sie dies von Menschen verlangt, die durch die heutige Produktionsweise in Noth und Abhängigkeit gerathen sind. Es ist daher nothwendig, an Stelle der Einzelnen die Gesellschaft treten zu lassen und, da die Gesellschaft hierfür einer bestimmten Organisation bedarf, die bereits schon jetzt, wenn auch in falscher Form vorhandene Organisation, den Staat, zu benutzen. Durch die organisirte Gesellschaft, den Staat, sollen die Mittel also beschafft werden. Es fragt sich nun aber, ob der Staat dazu im Stande ist, ob der Staat, der jetzt schon gar große und sehr ungerecht vertheilte Anforderungen an den Einzelnen stellt, — ob dieser die Mittel dazu besitzt oder, ob er sie beschaffen kann. Daß der Staat große Mittel zusammenzubringen im Stande ist, davon legen unsere Staatsbudgets und unsere Staatsschulden Zeugniß ab. Der Staat von heute aber wird die Mittel zur Beseitigung des Klassengegensatzes nicht beschaffen, und vor allen Dingen auch nicht beschaffen wollen, weil die Staatsorganisation selbst wieder nur das Produkt der Gesellschaftsform ist. Wie aber in der Gesellschaft nur bestimmte Klassen (Minoritäten) herrschen, so auch im Staate. Diese Minoritäten suchen mit Hilfe der Staatsorganisation ihr eigenstes Klasseninteresse möglichst zu wahren; bei jeder Einrichtung, die geschaffen wird, fragen sie erst, ob sie ihnen nützt; die der Gesammtheit nutzbringenden Einrichtungen werden erst dann geschaffen, wenn sie der herrschenden Klasse nicht schaden. Die Interessen der Mehrheit werden also nur soweit gefördert, als sie mit dem Interesse der herrschenden Minderheit zusammenfallen. Das zeigen uns die Einrichtungen des Feudalstaates, in dem die großen Lehensherren, spätere Besitzer des Grund und Bodens, Adel und Geistlichkeit, das Regiment führten und alle Macht und Mittel des Staates zur Aufrechterhaltung ihrer Herrschaft anwanden. Die langsam und allmählig aus dem Schooße der kleinbürgerlichen Gesellschaft des Mittelalters sich entwickelnde Bourgeoisie suchte, auf einer bestimmten Höhe ihrer Entwickelung angekommen, sich mit der herrschenden Grundbesitzerklasse in das Monopol der Staatsleitung, d. h. der Ausbeutung der innerhalb des Staats verkörperten Gesellschaft, zu theilen. Dies ist ihr nach und nach gelungen. In England wurde diese Absicht durch die Revolution von 1649 schon wesentlich gefördert, in Frankreich wurde sie erreicht durch die Revolution von 1789 und auch in Deutschland ist die Bourgeoisie, wenn auch mehr auf sogenanntem legalen Wege (gefördert durch die Bewegung von 1830 und 1848), in Folge der Gründung des sogenannten konstitutionellen Staats, zu einer einflußreichen Macht geworden. Die Bourgeoisie hat in Frankreich, wo sie durch die Revolution von 1789 unumschränkt zur Herrschaft kam, durch Einführung des Wahlcensus die Arbeiter vom ersten politischen Recht ausgeschlossen, dasselbe hat sie in England, in Deutschland, im Verein mit den Resten der Feudalzeit (Oberhaus in England, Herrenhäuser, Reichsräthe und erste Kammern in Deutschland) durchgesetzt. Dreiklassenwahlsystem, indirekte Wahlen, Steuercensus für aktives und passives Wahlrecht, Entziehung der Diäten für die Abgeordneten, wie im deutschen Reichstag, legen

Zeugniß davon ab. Die politische Herrschaft hat sich die Bourgeoisie aber nicht aus Liebhaberei zugelegt, sondern weil sie ihren Vortheil dabei gesucht und gefunden. Direkt und indirekt hat die Bourgeoisie diese Stellung ausgebeutet. Ich führe zum Beweis hierfür verschiedene Zweige unserer Staatsgesetzgebung an: das Steuersystem (falsche Klassifizirung der directen Steuern), das ganz und gar ungerechte System der indirecten Steuern und das Militärsystem (einjähriger Dienst für die „Gebildeten", die Söhne der Geldleute, und dreijährige Dienstzeit für die „Ungebildeten", die Söhne des Volks). Das stehende Heer involvirt an und für sich schon eine Ungerechtigkeit, weil es die Heranziehung nur eines Theils der waffenfähigen Mannschaften bedingt; zugleich ist es das Hauptmachtmittel der Privilegirten (Fürsten, Adel, Bourgeoisie, Bureaukratie), ihre Sonderstellung im Staat aufrecht zu erhalten, und dient als Werkzeug zur Niederhaltung des offenen Ausbruchs der sozialen Gegensätze. Das Volksbildungssystem beruht ebenfalls auf dem Klassengegensatz in der Gesellschaft; die höheren Bildungsanstalten in Staat und Gemeinden absorbiren den Löwenantheil aus den öffentlichen Budgets, d. h. aus der Tasche der Gesammtheit; für die Volksschulen geschieht sehr wenig. Das bestehende sogenannte Rechtssystem ist gleichfalls auf den Klassenunterschied, d. h. den Unterschied des Besitzes basirt, sichert dem Wohlhabenden weit mehr seine Gunst als dem Nichtbesitzenden. Neben diesen indirekten Vortheilen genießt die Bourgeoisie auch direkte; ich erinnere an die Zinsengarantie bei Eisenbahnbauten, die Privilegien der Privatbanken und Aktienunternehmungen, an den Schutz der Industrie durch Prohibitivzölle (Schutzzölle), Baar-Unterstützungen, die in fast allen Staaten einzelnen Industriellen und Konsortien gegen sehr billigen Zins, oft auch unverzinslich, zu Theil wurden, Steuer-(Zoll-)Kredite und dergleichen mehr.

Die „Demokratische Korrespondenz" wird bei Citirung dieser Ausführungen meines Vortrags einsehen, daß sie eine große Unkenntniß der bestehenden Verhältnisse bewiesen, als sie behauptete, der Staat habe der modernen Industrie keine Unterstützung gewährt. Wohl ist es wahr, daß die Industrie vielfach mit dem Staate gekämpft; das geschah, so lange der Staat noch ein mehr oder weniger patriarchalischer war, zu einer Zeit, wo ihm noch Vorurtheil und Interesse verbot, der wilden Exploitationssucht (Ausbeutungssucht) des Kapitals Thor und Thüre zu öffnen, zu einer Zeit, wo sein feudal-absolutisches Interesse ihn lehrte, daß der Ruin von Hunderttausenden von Existenzen zu Gunsten einiger Kapitalisten eine Ungeheuerlichkeit sei, die er um keinen Preis zulassen dürfe, solle seine eigene feudal-absolutistische Tendenz dabei nicht zu Grunde gehen. Seitdem ist der Staat einsichtig, d. h. „modern" geworden, modern durch das Kapital, das bis in die geheimsten Räume der Kabinette gedrungen, die Herrschaft über Herzen und Geldbeutel von Fürsten und Ministern sich erobert hat und thatsächlich jetzt die herrschende Macht im Staate bildet. Dort, wo das Kapital sich diese Stellung erkämpfte, wird der Staat direkt in der angedeuteten Weise ausgenutzt, das Kapitalisteninteresse ist das einzig maßgebende. Freilich kommt es dabei immer noch zu kleinen Kämpfen, namentlich da, wo, wie bei uns in Deutschland, die Ueberreste der Feudalzeit und des alten absolutistischen Staates noch ein gewichtiges Wort mit hineinzureden haben und nicht gewillt sind, die alten patriarchalischen Einrichtungen und die Alleinherrschaft widerstandslos fallen zu lassen. Aber in ganz modernen Staaten, wie Belgien, Frankreich*), wo Feudalelemente gar nicht vorhanden, oder, wie in England, macht- und widerstandslos sind, dort also, wo die Kapitalherrschaft ausschließlich die Oberhand hat, also übermächtig geworden ist, da wird der Staat, nachdem er für die Bourgeoisie seine Schuldigkeit gethan, bei Seite geschoben**). Natürlich der Staat hat dem Kapital geholfen, die Widerstandskräfte zu beseitigen, jetzt ist das Kapital mächtig genug, allein die Oberherrschaft zu erhalten. Darum weg mit allen Schranken, die sich der „Freiheit der Arbeit", mit andern Worten dem Ausbeutungstrieb des Kapitals entgegensetzen! Wir sehen's ja auch in Deutschland. Jahrzehntelang wurden Schutzzölle theilweise in enormer Höhe aufrecht erhalten, Industrielle auf alle Art und Weise unterstützt — ich erinnere an Borsig in Berlin, Krupp in Essen, Hartmann in Chemnitz, Cramer-Klett in Nürnberg. Nachdem die Industrie konkurrenzfähig, d. h. nachdem der Kapitalstock hinlänglich groß geworden, ein entsprechender Arbeiterstand mit allen Mitteln gezüchtet war, sucht man diese Schranken mehr und mehr zu beseitigen. Klagt nun der Arbeiter, daß er sich schlecht befinde, bei übermäßig langer Arbeitszeit niedrigen Lohn bekomme, verlangt er nach gesetzlich geregelter Arbeitszeit, dann ist die ganze Kapitalistenklasse außer sich über diese

---

*) Deutschland ist in dem letzten Jahrzehnt und namentlich seit dem heiligen Kriege von 1870—71 ebenfalls in die Reihe dieser „modernsten" Staaten eingetreten, wie nicht nur ein Blick auf die seitdem sich großartig entwickelnde Schwindelperiode zeigt, sondern auch ein Blick auf die gesammte neueste Gesetzgebung.

**) Diese Ansicht wird scheinbar durch die Thatsache widerlegt, daß die Bourgeoisie ihre oppositionellen Gelüste in allen politischen Fragen, wie auswärtige Politik, Militairwesen, Polizeiwirthschaft, Kampf gegen Beschneidung und Unterdrückung der Preß-, Vereins- und Versammlungs-Freiheit, soweit von Freiheit hierbei überhaupt die Rede sein kann, aufgegeben hat, vielmehr die reaktionären Maßnahmen der Regierungen schweigend duldet oder offen unterstützt, dadurch also der Staatsmacht direkten Vorschub leistet und ihr eigentlich größere Macht verleiht als sie zu den Zeiten des feudal-absolutistischen Regiments je besessen.

Allein diese Thatsache widerstreitet keineswegs der eigentlichen Natur der Bourgeoisie auf Auflösung des Staats. Die Entwickelung der socialen Verhältnisse zwingt sie eben ihr Ideal aufzugeben. Sie sieht zu ihrem Schrecken, daß ihre Welt nicht für die „beste der Welten" gehalten wird, daß die von ihr gezeugten Proletarier nicht die passive Rolle des Verhungerns übernehmen wollen, sich vielmehr dem kräftig widersetzen und Miene machen die Bourgeoiswelt zu zertrümmern. Da begreift sie, daß der Staat doch zu etwas gut ist, nämlich ihr Eigenthum, ihre Existenz, ihr ganzes Sein, gegen die revolutionären Gelüste der Arbeiter zu vertheidigen. Daher ihr Eifer die Militair- und Polizeigewalt des Staats zu stärken gegen ihre frühere bessere Ueberzeugung.

„Eingriffe" in die „geheiligten Rechte der freien Arbeit" und unsere, in bürgerlich-ökonomischen Begriffen großgewordene Demokratie, die stets nur sich um die politischen, wenig um die sozialen Interessen bekümmerte, weil letztere sie nicht berührten, giebt ihr Ja und Amen dazu. — Als vor noch gar nicht langer Zeit bestanden in vielen deutschen Staaten sogenannte Lohntaxen, welche die Höhe der Löhne bestimmten, über die hinaus Niemand verlangen, Niemand bezahlen durfte, wollte er nicht in schwere Strafe verfallen. Die Bourgeoisie hat diese Bestimmungen abgeschafft, und mit Recht, aber nicht weil sie dieselben für ungerecht hielt, sondern weil sie ihre eigene Entwickelung hemmten. Man gab an, daß die Lohnpreise früherer Zeiten bei den gestiegenen Lebensmittelpreisen und den gänzlich veränderten Verhältnissen nicht mehr genügten. Das war richtig. Aber das war nicht der wahre Grund. Die Bourgeoisie konnte höhere Lohnpreise zahlen als das Kleingewerbe; sie brauchte viel Arbeiterhände, da standen ihr die festen Lohnsätze im Wege. Nachdem sich unsere Produktionsverhältnisse entwickelt, ein abhängiger Arbeiterstand geschaffen ist und durch die Maschinerie mehr und mehr menschliche Arbeitskraft überflüssig wird, sorgt die Großproduction für die Regulirung der Löhne, sie werden schon ganz von selbst nicht zu hoch. Verlangten heute die Arbeiter einen Minimallohnsatz zum Schutze gegenüber den Arbeitsgebern, wie früher die Arbeitgeber einen Maximallohn hatten zum Schutze gegen die Ueberforderungen der Arbeiter, — wie würde da die Bourgeoisie schreien über Beschränkung der „Freiheit" der Arbeit. Jawohl: Freiheit für die Exploitationssucht (Ausbeutungssucht) des Kapitals und Unterdrückung jeder Einrichtung, welche die Arbeit d. h. die Arbeiter schützt. Das ist, im Vertrauen gesagt zur „Demokratischen Korrespondenz", ächt Manchestermännisch*) und stimmt ganz und gar nicht zum Nürnberger oder Eisenacher Programm, mit denen so viel geflunkert wird, wie ich später noch beweisen werde.

Doch ich kehre zur Analyse meines Vortrags zurück.

Ich habe bewiesen, wie der heutige Staat ein Klassenstaat ist, vorzugsweise unter der Herrschaft der Bourgeoisie steht und demgemäß weder die Mittel hat, noch sie geben wird, um die genossenschaftliche Produktion durch Organisation von Produktivgenossenschaften zu unterstützen. Thäte das die Bourgeoisie, thäten das die herrschenden Klassen, sie handelten gegen ihr eigenes Interesse, sie würden in der Arbeiterklasse nicht nur einen Konkurrenten, sondern auch einen Faktor erziehen, der sie schließlich überhaupt unmöglich machte, ihre Herrlichkeit als Klasse hörte auf. Das wäre natürlich Selbstmord, den sie auf keinen Fall freiwillig vollziehen wird. Daraus geht also hervor, daß die Arbeiterklasse sich die Macht erobern muß, was sie sicher kann, weil die Arbeiterklasse die große Mehrheit ist und weil ihre Losung nicht blos Freiheit, sondern auch Gleichberechtigung heißt, also die Gerechtigkeit in sich schließt. Ich will hierbei nochmals aus-

---

*) Manchesterpartei heißt diejenige ökonomische Richtung, welche die Lehre von der unbedingten „freien Konkurrenz", dem Nichteingreifen des Staats und der Gesetzgebung in die ökonomischen Verhältnisse, auf ihre Fahne geschrieben hat.

drücklich bemerken, daß ich aus den schon Eingangs erwähnten Gründen nicht allein unter dieser Arbeiterklasse die Lohnarbeiter im engsten Sinne verstehe, sondern auch die Handwerker und Kleinbauern, die geistigen Arbeiter, Schriftsteller, Volksschullehrer, niederen Beamten, die, alle unter den heutigen Verhältnissen leidend, eine wenig oder gar nicht bessere Stellung haben als die Lohnarbeiter und, soweit sie sich vielleicht etwas besser stehen, wie z. B. der Handwerker- und selbstständige Bauernstand, unwiderstehlich und ohne Gnade der modernen Entwickelung zum Opfer fallen. Diese verschiedenen Klassen bilden also wirklich die ungeheure Mehrheit im Volk und da es sich nicht um Unterdrückung der Minorität durch die Majorität handelt, sondern um Gleichberechtigung und Gleichstellung Aller, so kann also nicht von einer Klassen- oder Standesherrschaft, welche die Arbeiterklasse wolle, die Rede sein. Es ist im Gegentheil eine so vernünftige demokratische Gesellschaft, die sie erstrebt, wie sie noch nie die Welt gesehen hat.

Ich habe diesen letzteren Punkt ausführlich wiedergegeben, weil die „Demokratische Korrespondenz" und Alle unsere Gegner so etwas wie Standes- oder Klassenherrschaft wittert, und weil sie in ihren Fragen in der naivsten Weise von der Welt die Neuorganisation der Gesellschaft, welche die Sozial-Demokratie verlangt, nur als ein Flickwerk an der heutigen bürgerlichen Gesellschaft sich denken kann.

Der Staat soll also aus einem auf Klassenherrschaft beruhenden Staat in einen Volksstaat verwandelt werden, in einen Staat in dem es keine Privilegien irgend einer Art giebt; und in diesem Staat soll alsdann die Gesammtheit mit dem ihr zu Gebote stehenden Mitteln und Kräften die genossenschaftliche Produktion an Stelle der einzelnen Privatunternehmungen treten lassen. In einem solchen Staat ist Selbsthilfe Volkshilfe, Volkshilfe Staatshilfe, Selbsthilfe und Staatshilfe also identisch, einen Gegensatz giebt es nicht. Der Volksstaat soll zunächst herbeizuführen gesucht werden durch Aufklärung der Massen über die gesellschaftlichen und politischen Zustände, und diese Aufklärung kann wirksam betrieben werden durch Organisation (Gründung) von Parteiverbänden, Gewerkschaften 2c., Gründung und Verbreitung passender Zeitungen und Schriften 2c. Freilich muß diese Organisation international sein, denn da unsere Zustände nicht Merkmale einzelner Nationen, sondern allen Kulturvölkern eigen sind, Industrie, Handel und Verkehr, die ganze kapitalistische Production international organisirt ist, so können dieselben folglich auch nur in einer gleichen Organisation beseitigt werden.

Damit schloß ich meinen Vortrag. Wie dieser Volksstaat herzustellen sei, darüber ließ ich mich nicht weiter aus und will das auch hier nur andeuten. Wollen wir den Volksstaat, dann muß die Herrschaft der privilegirten Klassen und Personen gebrochen werden. Da meinen die Einen, das ginge auf sogenannte „gesetzliche" Weise, durch Redenhalten und Beschlüssefassen, die Anderen meinen, das müsse durch eine andere eben auch gesetzliche Weise — sie betrachten den Willen des Volkes auch als Gesetz, als alleiniges und höchstes Gesetz — geschehen, die man im gewöhnlichen Leben Revolution nennt. Ueber

den letzteren Weg sich weiter auszulassen, ist überflüssig, da Revolutio=
nen künstlich nicht gemacht werden können und der Wächter für die
am heutigen Staat Interessirten, der Staatsanwalt, gar zu sehr ge=
neigt ist, hineinzureden und Hochverrathsprocesse zu veranstalten.
Merkwürdig ist aber --- und das kann ich nicht umhin, hier anzufüh=
ren, weil es geschichtliche Thatsachen sind, gegen die auch ein Staatsan=
walt nicht aufkommen kann —, daß die verschiedenen Staats= und
Gesellschaftsformationen nicht durch schöne Reden und Beschlüsse son=
dern in der Regel durch sehr ernste eiserne Gewalt sich ihre Existenz
verschafft haben. So ist der alte Feudalstaat mit Gewaltmitteln aller
Art auf Grund der vor ihm mehr kommunistisch gegliederten Familien-
und Stammesorganisation der Gesellschaft begründet worden; den
Feudalstaat hat in nicht minder energischer und rücksichtsloser Weise
die bürgerliche Gesellschaft bekämpft und unterdrückt. Ja, die bürger=
liche Gesellschaft ging namentlich in Frankreich, im Jahre 1789
und folgende, in ihrem Haß gegen den Feudalstaat so weit, daß
sie nicht allein die Köpfe des Feudaladels, so weit sie derselben
habhaft werden konnte, abschlug, sondern auch die Wurzeln, aus
denen er seine Kraft gesogen, den Grund und Boden, ihm
wegnahm und confiscirte. Das sonst in den Augen der Bourgeoisie
so geheiligte Privateigenthum griff sie also selbst an, um einen
sozialen und politischen Gegner zu vernichten. Sie that es im Namen
der Gerechtigkeit, im Namen des unterdrückten Volkes. Ob
die Arbeiterklasse, dem Beispiel des Feudaladels und der Bourgeoisie
folgend, dieselben gewaltthätigen Wege einschlagen, mit dem Einreißen
der politischen Schranken auch beginnend, das Privateigenthum der
Bourgeoisie konfisziren und in Gesammteigenthum verwandeln wird,
um so mit einem gewaltigen Ruck über den allmählichen Prozeß der
Umwandlung der Privat=Production in gesellschaftliche Production sich
hinwegzuschwingen, das ist schwer zu behaupten. Der Verlauf dieser
Entwicklung hängt von der Intensivität (Kraft) ab, mit der die be=
theiligten Kreise die Bewegung erfassen, er hängt von dem Widerstand
ab, den die Bewegung an ihren Gegnern findet. Das Eine ist sicher:
je heftiger der Widerstand, um so gewaltthätiger die Herbeiführung
des neuen Zustandes. Mit Sprengen von Rosenwasser wird die Frage
auf keinen Fall gelöst.

Eben so wenig, wie ich mich über das „Wie" der Schaffung des
Volksstaats in Stuttgart aussprach, eben so wenig habe ich dies über
die nächste Anwendung der Gesellschafts= oder Staatshilfe gethan,
denn wohlgemerkt, diese beiden Begriffe sind für mich identisch.

Und hier komme ich auf einen Hauptdifferenzpunkt zu sprechen,
der zwischen uns, der Sozial=Demokratie und der bürgerlichen Demo=
kratie, wie sie die „Demokratische Korrespondenz" vertritt, existirt. Die
bürgerliche Demokratie geht von der Ansicht aus, daß die politi=
sche Freiheit eigentlich Alles sei, was der Mensch verlangen
könne, höchstens habe der Staat für eine ausreichende Bildung
aller Staatsbürger zu sorgen und die Steuern so einzurichten,
daß Keiner ungerecht betroffen würde. Das sind drei Dinge, die wir
akzeptiren, die aber nicht ausreichen. Der Staat soll allerdings — so

meinen auch die Sozial-Demokraten — die Freiheit garantiren, aber auch darauf sehen, daß die Freiheit des Einen der Freiheit des Andern keinen Schaden bringe. Die politische Freiheit aber kann keine gleiche sein, wenn ökonomische Ungleichheit existirt. Der ökonomisch besser Gestellte wird stets einen moralischen Druck auf den schlechter Gestellten ausüben. Ist nun gar ein Abhängigkeitsverhältniß vorhanden, wie in der jetzigen Gesellschaft, ist der Arbeiter einem Brodherrn unterworfen, von der seine Existenz abhängt, dann liegt auch auf der Hand, daß dieser Brodherr die Gewalt in den Händen hat, das politische Recht des Arbeiters zu verkümmern, es in der ihm, dem Unternehmer, gut dünkenden Weise auszubeuten. Aber ganz abgesehen davon: an einem Staat, in dem die politische Freiheit blos der Zweck ist, hat der Arbeiter wenig Interesse. Was ihn drängt und treibt, die politische Freiheit und Gleichberechtigung zu erobern, ist die Aussicht, mit ihrer Hilfe auch die ökonomische Unabhängigkeit zu gewinnen.

Was nützt ihm die bloße politische Freiheit, wenn er dabei hungert, wenn seine Lage sich nicht verbessert, er vor wie nach der vom Kapitalisten ausgebeutete Mensch ist, der sein ganzes Leben sich plagen und abrackern muß, um schließlich elend zu Grunde zu gehen? Daß aber zu einer besseren sozialen Stellung die bloße politische Freiheit ihm nicht verhilft, dafür sind schlagende Beispiele die Schweiz und Amerika, — von England und Belgien ganz zu schweigen, die ja auch in den Augen manches Demokraten „Freistaaten" sind, weil sie als echt konstitutionelle Musterstaaten gelten. Genügte die bloße politische Freiheit, dann dürfte die Lage der Arbeiter in der Schweiz und Amerika nichts zu wünschen übrig lassen. Wer das glaubt irrt sehr. Die Arbeiterbewegung hat in Amerika in den letzten Jahren kolossale Dimensionen angenommen, um so größere, da in Amerika die Industrie in wenig Jahren sich riesenhaft entwickelte und ein massenhaftes Proletariat schuf, andererseits aber die politische Freiheit wieder der Arbeiterbewegung den nöthigen Spielraum ließ, sich Bahn zu brechen und zu entfalten. Polizeiliche Bevormundungen, Knebelung der Presse, Unterdrückung der Vereine kennt man dort nicht, wie auf unserm monarchisch-militärisch organisirten europäischen Kontinent. Das Gleiche sehen wir in der Schweiz. Der einzige, aber, wie wir nicht verkennen dürfen, immerhin bedeutende Unterschied ist, daß in einem Freistaat die Bewegung sich rascher Einfluß und Geltung verschaffen kann, als in einem halbfreien oder despotisch regierten Staat. Beweis: die gesetzliche Regelung der Achtstundenarbeitszeit in Nord-Amerika, wenigstens für die Staatswerkstätten, und die neue Verfassung in Zürich, welche starke Keime eines sozialistischen Staatswesens enthält.

Die Sozial-Demokratie betrachtet also nicht die politische Freiheit als Zweck, sondern als Mittel zum Zweck; als Zweck betrachtet die Sozial-Demokratie die Herstellung der ökonomischen Gleichheit, also die Errichtung eines auf voller Freiheit und Gleichheit basirenden Staats- und Gesellschaftswesens. Die Freiheit hört da auf, wo sie hinübergreift in die Sphäre des Andern, d. h. wo sie durch ihre Uebergriffe die Gleichheit verletzt.

Die „Demokratische Korrespondenz" will nun wissen, wie ich mir die Herstellung dieser ökonomischen Gleichheit gedacht oder — wie sie sich ausdrückt — wie ich mir die Anwendung der Staatshilfe gedacht; wo sie beginnen, wo sie aufhören und wie sie in's Leben gerufen, organisirt werden soll?

Ich bemerke hier nochmals, daß ich mich aus zwei Gründen auf die Ausführung dieses Punktes in der Stuttgarter Versammlung nicht eingelassen habe. Erstens war es nothwendig in der Versammlung das heute herrschende ökonomische System nach allen Seiten hin zu beleuchten und zu kritisiren, die Haltlosigkeit und Unnatürlichkeit desselben in allen Punkten darzuthun. Daß mir dies gelungen ist, dafür ist der beste Beweis, daß in den Entgegnungen, die nachträglich von allen Seiten auf mich einstürmten, nicht eine einzige auch nur den leisesten Versuch machte, meine Kritik der bestehenden Zustände zu widerlegen, sondern daß sich alle nur an die von mir erörterte Neuorganisation der Gesellschaft anklammerten. Ferner mußte ich nicht allein das jetzige Produktionssystem selbst, sondern auch die Mittel kritisiren, die man vorgeschlagen, um seine größten Härten, die auch seine Vertheidiger nicht leugnen können, zu beseitigen. Daß mir auch dies gelungen, dafür ist ebenfalls der Beweis das gänzliche Schweigen der Gegner über diesen Punkt.

Ich mußte dies beides, um die Vorurtheile, die über System und Abhilfsmittel vorlagen, von Grund aus zu vernichten, um mir so zu sagen, erst den Boden rein zu machen für unsere Prinzipien. Diese Kritik des Bestehenden und der mit ihr verknüpften historischen Entwicklung nahm so viel Zeit in Anspruch, daß ich für die positive Entwicklung unseres Programmes wenig Zeit mehr übrig hatte. Dann hielt ich aber auch weitläufige Ausführungen hierüber für wenig nützlich, weil sich aus der Kritik des Bestehenden die Forderung des Zukünftigen in großen Zügen ganz von selbst ergiebt. Detailausmalung einer Sache aber, die erst in der Theorie vorhanden ist, ist insofern immer eine mißliche Aufgabe, als der Maßstab konkreter Verhältnisse abhanden kommt, der Phantasie ein weiter Spielraum gelassen wird und dadurch Meinungsdifferenzen hervorgerufen werden, die in dem Augenblick, wo es gilt, praktisch einzugreifen, ganz von selbst beigelegt werden, weil eben dann die momentanen Verhältnisse den naturgemäßen Weg vorschreiben. Wunderbar ist übrigens, daß die Gegner unserer Prinzipien stets daran mängeln und aussetzen, daß das, was wir wollen, nicht mit einem Male zu schaffen sei. Warum verlangt man denn von uns die Herbeizauberung eines gewünschten Zustandes, während man uns einen mindestens Jahrhunderte langen faul gewordenen Entwicklungsprozeß zur Wegräumung auf den Hals geladen hat? Diejenigen verrathen unbewußt eine große Schwäche, die, weil sie das Bestehende nicht vertheidigen können oder zu vertheidigen wagen, nur an den von unserer Seite vorgeschlagenen Mitteln zu mäkeln und zu mängeln haben, ihre eigene Weisheit aber, wie dem Schaden abgeholfen werden könne, hübsch für sich behalten. Wahrscheinlicher Weise nur, weil besseres Wissen ihnen abgeht.

Doch damit man mir nicht vorwerfe, ich wollte hinter allgemeinen Redensarten, die eigene Rathlosigkeit verbergen, will ich der ersten Frage der „Demokratischen Korrespondenz" näher treten. Dieselbe lautet: „**Für wen die sogenannte Staatshilfe sein soll?**"

Die Antwort hierauf habe ich schon in obigen Aufführungen gegeben. Ich verstehe eben unter der **Arbeiterklasse** nicht allein den Lohnarbeiter, sondern auch den Kleinhandwerker, den kleinen Bauer, und wohlgemerkt, nicht allein den „Knecht" und Tagelöhner. Der kleine Bauerstand befindet sich, wie ich weiter unten nachweisen werde, genau in derselben, ja theilweise noch schlimmern Lage als der kleine Handwerker. Wie letzterer unter dem Druck der Großindustrie zu leiden hat, die seine Podukte für ihn mehr und mehr entwerthet, indem sie die Preise drückt, ihm andererseits die Arbeitskraft, wenn er außer seiner eigenen noch fremde braucht, vertheuert und verschlechtert: ähnlich leidet der kleine Grundbesitzer. Hohe Steuern an den Staat und hohe Zinsen für das Kapital, das er zum Ankauf eines Stückchen Landes oder zu besserer Bewirthschaftung seines Bodens geliehen hat und das die Industrie, der Papierschwindel und die Staatsschuldenwirthschaft ihm vertheuert, zehren den größten Theil des überschüssigen Produkts auf. Zurückgedrängt in der Bodenproduktion, weil er die bessere Kultur des Großgrundbesitzes mit Maschinen nicht betreiben kann, sein bischen Land auch oft nicht hinreicht, das nöthige Vieh zu füttern, um genügenden Dünger zu erhalten, den er alsdann auch noch kaufen muß, sieht er sich auf die äußersten Entbehrungen angewiesen. Ein paar Miß= oder allzureichliche Ernten ruiniren ihn vollends. Er ist gezwungen, sein Gut zu verkaufen, und als Tagelöhner bei dem großen Bauer oder als Arbeiter in der Industrie sein Unterkommen zu suchen.

Nicht die geringe Kenntniß bäuerlicher Verhältnisse, wie die „Demokratische Korrespondenz" meint, auch nicht der Egoismus, wonach der landwirthschaftliche Arbeiter den industriellen Arbeiter nichts anginge, sondern einfach der Umstand, daß bisher das industrielle Proletariat, das intelligenter, massenweiser angehäuft, noch zu viel der Belehrung und Aufklärung bedurfte und alle Kräfte in Anspruch nahm, war es, was die Sozial=Demokratie veranlaßte und zwang, sich weniger mit der Lage der ländlichen Bevölkerung zu befassen. Was nützen auch alle Expektorationen über die Lage der ländlichen Arbeiter, so lange diese selbst noch gleichgültig ihre Lage hinnehmen und die Mittel der Sozial=Demokratie nicht ausreichen, die äußerst kostspielige, weil weitläufige und zerstreute Agitation unter dieselben zu tragen? Ich bin nicht wenig erstaunt, diesen Punkt gerade von der „Demokratischen Korrespondenz" so warm angeregt zu finden, und wie mir scheint, mit nicht geringer Kenntniß der Lage des ländlichen Proletariats. War sie es doch, die nicht am wenigsten dagegen eiferte, als der Baseler Kongreß*) sich erlaubte, seine Meinung über die Grund= und Bodenfrage abzugeben. Doch man wird mir antworten: „Nicht **daß** man sich in Basel mit der Frage beschäftigte, sondern **wie** man sich damit beschäf=

---
*) Es war dies der Kongreß der Internationalen Arbeiter=Assoziation, welcher vom 5. bis 12. Septemper 1869 in Basel tagte.

tigte, hat unser Mißfallen erregt." Gut! da die „Demokratische Korrespondenz" die Noth des ländlichen Proletariats nicht nur zugegeben hat, sondern auch genau kennt, so fragt sich's also einfach, ob man dieser Noth durch andere Maßregeln, als sie der Baseler Kongreß vorgeschlagen hat, aufheben kann. Das wollen wir am Schluß dieser Artikel untersuchen. Auch ist das, was die „Demokratische Korrespondenz" an meinem Vortrag „eigen" fand, nämlich daß ich von allen bäuerlichen Verhältnissen abstrahirte, einestheils in der beschränkten Zeit zu suchen, die ich benutzen mußte, um dem vorzugsweise industriellen Publikum meinen Standpunkt klar zu machen; anderntheils und wesentlich aber auch darin, daß ich hoffte, einer Interpellation aus der Mitte der Versammlung betreffs der Baseler Beschlüsse zu begegnen. Daß das nicht geschah, hat Niemand mehr gewundert, als mich, — das kann ich versichern. Doch es läßt sich diesem Mangel am Ende noch in diesen Ausführungen abhelfen.

Eine andere Seite der Frage, die ich nach Ansicht der „Demokratischen Korrespondenz" nicht berührt habe, betrifft die Stellung der **Arbeiterinnen**. Diese Frage wird mit der in der sozialistischen Gesellschaft durchgeführten veränderten Produktionsweise ganz von selbst entschieden. Die Frau hört dann auf die Concurrentin des Mannes zu sein, damit aber auch ihr Abhängigkeitsverhältniß zum Manne. Die Geschlechter gelten als vollständig Gleichberechtigte, jedes derselben erlangt naturgemäß denjenigen Wirkungskreis, der seinen natürlichen Fähigkeiten und Neigungen am meisten entspricht und das möglichst höchste Wohlbefinden der Gesammtheit am besten fördert. Die socialistische Gesellschaft wird so wenig wie sie den Mann zum Fabrikssklaven, die Frau zur Haussklavin degradiren wollen. Die gesellschaftlich n o t h w e n d i g e Arbeit durch die zweckmäßigste Organisation und die stetige Einführung verbesserter Produktionswerkzeuge und Methoden auf ein Minimum im Verhältniß zu heute reducirt, wird nicht eine Plage sondern eine Erholung sein, keins der in seiner Art beschäftigten Geschlechter überanstrengen. Häusliche Einrichtungen und Vorrichtungen werden den neuen Verhältnissen entsprechend einen, von den heutigen weit verschiedenen, aber veredelten und verbesserten Charakter annehmen. Für die Kindererziehung werden ohne übergroße Inanspruchnahme des Einzelnen Zeit und Mittel reichlich vorhanden sein und in dem frühzeitigen gesellschaftlichen Verkehr der Kinder untereinander unter zweckmäßiger gemeinschaftlicher Beaufsichtigung und Erziehung — wie das durch unsere Bourgeoisie in sogenannten Kindergärten und Pensionen ja heute schon geschieht — freilich ein gutes Princip ist schlecht ausgeführt — auch nach dieser Seite der Frau eine menschenwürdige Stellung geben. Im sozialistischen Staat wird die Frau die Gefährtin des Mannes im edelsten Sinne des Wortes sein, nicht unter ihm, sondern ihm g l e i c h stehen. Sie wird weder — wie die Frau des Arbeiters von heute — Arbeitssklavin und Hauslastthier spielen und so lang sie jung und hübsch ist Gefahrlaufen, von übermüthigen Bourgeois und ihren Helfershelfern verführt und entehrt zu werden. Noch wird sie, — was meist die Frau des Bourgeois heute ist — ein Schaustück für die Putzstube, ein Gegenstand der Geschäftsspeculation oder eine Kindergebährmaschine sein, die dazu benutzt wird ihrem Eheherrn zu legitimen Erben seiner aufgespeicherten Schätze zu verhelfen.

Der Weg, den die „Demokratische Korrespondenz" andeutet zur Lösung der Frauenarbeitsfrage (Beschäftigung in Komptoirs, Bureaus und dergleichen) ist keine Lösung. Nicht aus Humanität, aus Menschlichkeitsgefühl, beschäftigen Staat und Bourgeoisie außer in der Fabrik die Frauen auch in den angedeuteten Stellungen, sondern aus Trieb zur Profitmacherei und aus Sparsamkeitsrücksichten. Weibliche Arbeitskraft ist billiger als männliche, das ist des Pudels Kern. Führt die weibliche Arbeitskraft ein, und ihr entwerthet die männliche; schließlich verdienen Frau und Mann zusammen, was einst der Mann allein verdiente. Mann und Frau gehen zu Grunde und die Familie selbstverständlich mit. Ja, es lebe die „Freiheit" der Arbeit! ich wollte sagen der Ausbeutung.

Wie soll nun die Staatshilfe angewandt werden? Wo zunächst, und wieviel ist erforderlich, um diese Hilfe zu gewähren? Das sind die Kardinalfragen, welche die „Demokratische Korrespondenz" aufwirft.

Sie sagt: „Lassalle wollte die große Krankheit heilen mit hundert Millionen!" Ich habe die Zahl der Arbeiter auf circa 10 Millionen angeschlagen, das mache auf den Kopf 10 Thlr. Eine winzige Summe, die gar nicht in Betracht komme. —

Hören wir einmal Lassalle.

Er sagt in seiner Frankfurter Rede („Arbeiterlesebuch") in der Polemik gegen Schulze-Delitzsch:

„Aber Herr Schulze hat ausgerufen: Woher sollen wir die Tausende von Millionen nehmen, die dazu erforderlich wären? Sie sehen, man will ihre Phantasie erschrecken! Es sind keine Tausende von Millionen dazu erforderlich. Nehmen Sie einmal einen Moment an, wir hätten nur hundert Millionen Thaler zu unserm Zweck. Wir hätten dann sogar für die erste Zeit noch viel zu viel! Weit mehr, als wir im Anfang wirklich für Assoziationen verwenden könnten! Der Kapitalzins steht zu 5 Prozent im Allgemeinen. Dieser Kapitalzins ist nicht zu verwechseln mit dem Unternehmergewinn. Der Kapitalzins wird von dem Unternehmer selbst dem Kapitalisten bezahlt. Diese 5 Prozent geben jährlich 5 Millionen Thaler, die man gleichfalls von Neuem, wenn wir jene 100 Millionen hätten, zu demselben Zwecke, zur Gründung von Arbeiterassoziationen, austhun könnte. Durch die Kraft des Zinseszinses würden binnen 14 Jahren diese jährlichen 5 Millionen das Kapital verdoppelt haben, und wir würden von da ab 200 Millionen haben, so daß wir von nun ab 10 Millionen jährliche Zinsen hätten, welche wir für Arbeiterassoziationen verwenden könnten. Nehmen Sie nun an, daß im Durchschnitt aller Gewerbe auf ein Kapital von einer Million Thaler ungefähr 4000 Arbeiter arbeiten können; dies ist eine ganz beispielsweise von mir gemachte Annahme, die wahrscheinlich eher eine viel zu geringe ist, als eine zu hohe. Die Zahl ist übrigens gleichgültig, sie dient hier nur als Beispiel. Auf Grund der 100 Millionen Thaler also könnten sich 400,000 Arbeiter assoziiren; das wäre mit ihren Familien, wenn wir sie durchschnittlich auf 5 Personen veranschlagen, eine Bevölkerung von 2 Millionen; mit 10 Millionen jährlichen Zinsen könnte neuen 40,000 Arbeitern jährlich die Möglichkeit der Freiheit und des Wohlstandes erblühen und somit neuen 200,000 Menschen, oder während der ersten 14 Jahre, so lange wir nur 5 Millionen jährlich annehmen, mindestens wiederum neuen 20,000 Arbeitern jährlich mit ihren Familien, und so wäre ein Weg gegeben, der in einer bestimmten Zeit Euch Alle aus der Wüste führt, alle arbeitenden Klassen der Gesellschaft ohne Ausnahme. Aber das ist noch Nichts! So viel seht Ihr doch ein, daß ein industrieller Gewerbszweig dem andern in die Hände arbeitet; was für den Einen sein Industrieprodukt ist, ist für den Andern der Rohstoff, auf und an welchem er seine Arbeit anfängt. Der Gerber arbeitet dem Schuhmacher in die Hand, der Tuchfabrikarbeiter dem Schneider, die Eisen- und Stahlarbeiter arbeiten dem Maschinenbauer, dieser wieder hundert anderen Gewerken in die Hand u. s. f. Wenn also z. B. erst 70 oder 80 Gewerke im Großen assoziirt wären, so brauchte das 71. gar kein neues Geld, sondern es brauchte nur den Kredit der 70 früheren und hätte an diesem Kredit die hinreichende Bedingung seiner Existenz, denn es bezieht von diesen bereits bestehenden Gesellschaften seinen Rohstoff und seine Maschinen. Und wenn nun 71 solcher Assoziationen bestehen, so kann eine 72. sich ohne neues Geld bilden, und wenn erst 150 bestehen, so können neue 20 ohne neues Geld sich bilden und in jenem Kredit die Bedingung ihrer Arbeit haben. So sehen Sie, daß meine frühere Rechnung, es würden jedes Jahr auf Grund der neuen 5 oder 10 Millionen neue 20,000 oder 40,000 Arbeiter befreit werden können, noch eine viel zu geringe ist, und daß, wenn die Assoziirung erst vorgeschritten wäre und sich entwickelt hätte, weit größere Massen sich jährlich assoziiren und zum Licht der Freiheit und des Wohlstandes hindurchdringen könnten, weit größere Massen und in weit schnellerer Zeit, als durch mein früheres Rechenexempel gegeben ist. Darum habe ich ihnen schon in meinem Antwortschreiben gesagt, daß alle diese Arbeiterassoziationen in einem Kreditverband unter einander zu stehen haben.

„Sie sehen also, es handelt sich nicht um so schreckliche Zahlen, um viele „Tausende von Millionen"; mit 100 Millionen für ganz Deutschland hätten wir nicht nur mehr als genug, sondern selbst zu viel für den Anfang. Woher aber die 100 Millionen nehmen? Stellt man sich wirklich die Sache so roh vor, der Staat müsse da aus seiner Tasche, aus den Steuern 100 Millionen hinzahlen? Das wäre ein sehr großer Irrthum, meine Herren, und würde nur den Beweis bilden, daß Diejenigen, welche so sprechen, nicht das Geringste von der Finanzwissenschaft, von der Funktion des Geldes und des Kredites, verstehen. Ich habe Ihnen schon in meinem Antwortschreiben gesagt, daß das erforderliche Geld, resp. der erforderliche Kredit, vom Staate auf die leichteste Weise von der Welt zu beschaffen wäre, ohne daß es irgend einem Menschen Etwas kostet. Aber sehen wir davon ganz ab. Stellen Sie sich die Sache einmal einen Augenblick ganz roh und ganz falsch vor; stellen Sie sich vor, der Staat müsse die 100 Millionen auf den Tisch zahlen. Nun, meine Herren, noch ist kein Krieg geführt worden, der nicht über das Doppelte dieser Summe gekostet hätte, und wofür sind nicht schon Kriege geführt worden? Im vorigen Jahrhundert noch für jede Maitreſſen-Liebhaberei; in dieſem Jahrhundert noch für jede Eroberungsſucht der Fürſten oder für irgend ein beſchränktes Abſatzintereſſe der Bourgeoiſie. Der Opiumkrieg, den England in den vierziger Jahren mit China geführt, hat gewiß mindeſtens das Doppelte gekoſtet, und er iſt nur geführt worden, um den Chineſen Opium in den Leib zu jagen; alſo für ein ganz ſpezielles Abſatzintereſſe der Bourgeoiſie. Für Alles in der Welt alſo ſind dieſe hundert Millionen und doppelt ſo viel dageweſen, für jedes beſchränkte Abſatzintereſſe der beſitzenden Klaſſe, wie für jede Fürſtenlaune; nur wenn es ſich um Erlöſung der Menſchen handelt, wären plötzlich dieſe Gelder nicht zu beſchaffen?

„Man kann nur fragen: woher dieſe hundert Millionen nehmen? Meine Herren! Ich werde und kann Ihnen allerdings hier nicht eine lange finanzwiſſenſchaftliche Theorie entwickeln, aber einen flüchtigen Blick muß ich Sie doch darauf werfen laſſen, wie leicht, ja wie ſpielend leicht es wäre, dieſe hundert Millionen zu beſchaffen, ohne daß der arme Bauer, wie die liberale Preſſe geſagt hat, einen Pfennig aus ſeiner Taſche dazu herzugeben brauchte. Ich werfe die Frage auf: worauf beruhen die Banken, welche Banknoten ausgeben? Worauf, ſage ich, beruht das Profitable eines ſolchen Unternehmens? Auf nichts Anderem als auf Folgendem:

„Wenn eine Bank z. B. hundert Millionen in ihre Keller legt, ſo kann ſie nun 400 Millionen in Banknoten ausgeben und dies beruht lediglich auf der Erfahrungsthatſache, daß nie mehr als ein Viertel der Banknoteninhaber ſich gleichzeitig präſentiren, um ihre Zettel gegen baares Geld einzuwechſeln. Auf dieſem einfachen Grundſatz, auf dieſer Erfahrungsthatſache beruhen ſämmtliche Banken, die Banknoten ausgeben, in ganz Europa. Dieſe Thatſache iſt ein ſoziales Faktum, eine in der Natur aller liegende Thatſache. Keiner hat dieſe Thatſache gemacht, nicht Peter, noch Chriſtoph, noch Wilhelm. Es iſt ein ſoziales Elementargeſetz, gerade ſo, wie es natürliche Elementargeſetze giebt. Wer dieſes Geſetz ausbeutet, der hat alſo im unterſtellten Beiſpiel 300 Millionen zu ſeiner Benutzung, ohne daß ſie ihm gehören, ohne aber auch, daß ſie ein Anderer entbehrt. Denn den Banknoteninhabern, den wirklichen Gläubigern dieſes Inſtituts, vertreten die Banknoten denſelben Dienſt, den ihnen der Silberthaler geleiſtet hätte. Ueberdies, es iſt noch einmal zu konſtatiren: wer iſt der Gläubiger dieſer Bank? Ich, Sie, wir Alle, Jeder, der auf einen Monat lang einen Thaler in der Taſche hat, der in der nächſten Viertelſtunde ſchon bei einem Andern iſt.

„Ich ſage alſo, wer dieſe ſoziale Thatſache ausbeutet, der hat zu ſeiner Benutzung im unterſtellten Beiſpiel 300 Millionen, ohne daß er ſie irgend einem Andern entzieht.

„Iſt es nun nicht eine Sünde und Schande, daß man, wie gleichwohl heutzutage in den meiſten Staaten der Fall iſt, einzelnen Kapitaliſten oder einzelnen Geſellſchaften von Kapitaliſten die Konzeſſion ertheilt, dieſes in der Natur Aller wurzelnde Faktum für ihren beſonderen Vortheil auszubeuten? Was in der Natur Aller wurzelt und nur durch dieſe, durch keine individuelle That, hervorgebracht iſt, — das dürfte doch auch wieder nur Allen, d. h. dem Staate, zu

Der Staat dürfte also nicht, wie es jetzt in so vie=
r Fall ist, Privatgesellschaften konzessioniren, die Bank=
. Es dürften auch nicht, wie in Preußen, gemischte=
n, sondern wenn dieses Etwas, so ist dieses, gerade so wie die
othwendiges Staatsregal. Wir müßten also eine
Bank haben, eine Bank von Deutschland — und
ie, meine Herren, dann hätte ja der Staat das Geld,
e Associationen braucht, doppelt und dreifach, und ohne=
rmen Bauer", wie die Berliner „Volkszeitung" gemeint
nnig kostete!"
obigen Ausführungen Laffalle's wird die „Demokratische
' ersehen, daß auch die geringfügigen 100 Millionen
ändige Hülfe schon bieten, jedenfalls um der drückend=
zuhelfen. Hundert Millionen sind aber in Wirklichkeit
t für Deutschland. Der Krieg von 1866 hat an vier=
nen, dem Norddeutschen Bund sein Militärsystem seit
der zweihundert Millionen Thaler gekostet.*) Das sind
im Volksstaat nicht vorkommen. Noch andere Ausgabe=
verstopft, andere Einnahmequellen eröffnet. Die Civil=
nagen gewisser hoher Personen, denke ich, werden im
l wegfallen, das machte verschiedene Millionen jährlich.
n derselben Klasse wird Staatseigenthum, bringt aber=
u. Es wäre zu untersuchen, in wie weit Staatsschulden
er Gesammtheit gemacht worden sind. Man würde
ich die für unproduktive Zwecke oder im Interesse der
Massen gemachten Schulden durch Diejenigen tilgen
sie ermöglicht haben — vielleicht noch einfacher — die
liquitiren (aufheben). Ebenso wird das Vermögen der
Stiftungen einer Konfiskation zu unterwerfen sein.
rundsatz der Sozialisten ist, jedem Arbeiter den vollen
Arbeit, aber auch nur den vollen Ertrag derselben zu=
sen, so wäre zu untersuchen, inwieweit dies bei unsern
ten und Staatsstellen aller Art der Fall ist. Das Re=
ahrscheinlich sein, daß die Tausende von Gehalt, die sie
einem Verhältniß zu ihrer Leistung stehen, weßhalb der
en und die Vertheilung nach unten ein leidliches Gleich=
len dürfte. Da nach unserer Ansicht Eisenbahnen und
Bergwerke und Minen, von denen die ersteren dem all=
ehr, der Verbindung Aller mit Allen dienen und zu Gute
die letzteren die Urprodukte enthalten, welche in der Erde,

glorreiche" Krieg von 1870 war bei Niederschrift des
nicht geschlagen. Ich will deshalb an dieser Stelle auf
inweisen, der Deutschland und Frankreich Opfer gekostet,
erth ausgedrückt, mehr als hinreichten, die soziale Frage
n Sinn mit einem Schlag zu lösen. Beiläufig be=
) heute keineswegs mehr der Ansicht, die soziale Frage
salle'schen Sinne gelöst werden. Ich halte
g für nothwendig, mich darüber des Längeren
c ich später vielleicht Gelegenheit haben.

dem gemeinsamen Eigenthum Aller, ruhen, Eigenthum der Gesellschaft, d. h. des Staates sein müssen, so hat der Staat selbst Gelegenheit, die gesellschaftliche Arbeit und Nutznießung ohne weitere Umstände einführen zu können. Eisenbahnen, Salinen, Minen und Bergwerke sind das nächste Gebiet, auf dem sich mit Leichtigkeit die kooperative Arbeit einführen läßt. Die Staatsdomänen, die durch die oben angedeuteten Maßregeln bedeutend ausgedehnt werden, sind das erste Feld für die ländliche Kooperation (Ackerbaugenossenschaft). Die Ersparungsmaßregeln auf der einen und das durch die demokratische Organisation auf der anderen Seite gehobene Wohlbefinden des Staats schaffen im Ueberfluß die Mittel, um die immer massenweisere Organisation der Produktivgenossenschaften zu ermöglichen. In demselben Maße, wie diese sich ausdehnen, werden die Privatunternehmungen ganz von selbst aufhören. Alles Kapital der Privatunternehmer wird diesen nichts nützen, weil einfach die Arbeiter fehlen, welche dasselbe durch ihre Produktivkraft vermehren. Die Privatunternehmer müssen schließlich freiwillig ihr Kapital für die allgemeine Produktion hergeben, da sie es anders nicht mehr verwenden können. Die durch die allmähliche Beseitigung der Privatunternehmungen frei gewordenen leitenden kaufmännischen Kräfte werden für die Genossenschaften disponibel, und um so lieber zugreifen, da sie am vollen Ertrag des Geschäfts partizipiren.*)

"Die kaufmännische Ader," welche nach Ansicht der „Demokratischen Korrespondenz" nur die Natur giebt, wäre also reichlichst vorhanden, ganz abgesehen davon, daß die im Volksstaat im höchsten Grad geförderte Volksbildung zweifellos so viel „kaufmännische Ader" ent-

*) Ein pfiffiger Anonymus, welcher kürzlich den kläglich gescheiterten Versuch gemacht hat, die Ausführungen dieser Broschüre zu widerlegen, ist sich unklar darüber, ob die Privatbesitzer von Kapital im sozialistischen Staat „Zinsen" für ihr Kapital bekommen. Der Herr Verfasser hat also nicht kapirt, daß, was in der jetzigen Gesellschaft „Kapital" heißt und als solches fälschlich die Befähigung zugesprochen erhält, sich aus sich selbst zu vermehren, im sozialistischen Staat nicht existirt. Dort ist das „Kapital" von heute einfaches Arbeitsinstrument, das ohne thätige Menschenkraft nichts leisten kann. Da nun im sozialistischen Staat nur Derjenige die Möglichkeit hat, die geschaffenen Erzeugnisse zu genießen, welcher arbeitet, so dürften allerdings Kapitalisten, auch wenn sie ihr „Kapital" bloß gegen „Zins" und unter Verzichtleistung auf allen „Unternehmergewinn" offerirten, schwerlich Aussicht haben, „Geschäfte" zu machen. Der Zins ist nur die bestimmte Form eines Theils des Unternehmergewinns. Der Sozialismus aber ist konsequent, er haßt den Theil wie das Ganze in diesem Falle und so dürfte also den Herren Kapitalisten nichts Anderes übrig bleiben, als — womit auch der Herr Anonymus droht — nach Japan oder China auszuwandern. Ich fürchte nur, daß Japanesen und Chinesen, wenn erst der Sozialismus in den alten Kulturstaaten verwirklicht ist, sehr schnell seine Nützlichkeit begreifen und ihn nachahmen dürften, und da blieb den armen „Kapitalisten" wohl nichts Anderes übrig, als auszuwandern ins — Jenseits.

wickelt, daß der Bedarf reichlich gedeckt wird. Für die „Demokratische Korrespondenz" dürfte sich, soweit sie gesellschaftlich nützliche Arbeit liefert, sehr gut auch die Gelegenheit bieten, eine Assoziation mit Drucker und Verleger zu organisiren, wo sie und Hunderte ihrer Leidensgefährten nicht als abhängige Existenzen den Arbeitslohn für ihre geistige Arbeit, sondern den vollen Arbeitsertrag erhalten. Daß das schriftstellerische Proletariat solche „Staatshilfe" recht gut brauchen könnte, wird die „Demokratische Korrespondenz" nicht bestreiten.

An Mitteln fehlt's also wirklich nicht im Volksstaat. Zur Noth kann der Volksstaat seinen Kredit gerade so gut in Anspruch nehmen, wie der heutige reaktionäre Staat. Oesterreich hat glücklich eine Schuldenlast von 5000 Millionen Gulden zusammengebracht, und wahrhaftig nicht zum Besten des Volkes. Das zweite Empire (Kaiserreich) in Frankreich hat es bis auf 12,000 Millionen Franks gebracht: das sind Summen, mehr als hinreichend, im Volksstaat die Neuorganisation der Gesellschaft durchzuführen.

Die Organisation der Produktivgenossenschaften ist also unendlich leichter, als es auf den ersten Blick scheint. Was die Organisation noch wesentlich erleichtert, ist die in der modernen Industrie bereits vorhandene Arbeitstheilung, der Maschinenbetrieb, das organische Ineinandergreifen hunderter und tausender der verschiedenartigsten Arbeitskräfte zur Hervorbringung bestimmter Produkte. Je mehr und je rascher die Produktion in die Großproduktion (Fabrik- und Maschinenbetrieb) übergeht, um so besser für uns, es erleichtert uns den Uebergang. Ist die Industrie aufs höchste entwickelt, um so geringer ist dann die Zahl der Privatunternehmer und Eigenthümer, um so größer die Zahl der Besitzlosen, der Arbeiter, die Expropriirung der Ersteren durch die Letzteren um so leichter. Im sozialen Staat ist also die moderne Produktionsweise, die Arbeitstheilung und der Maschinenbetrieb, nicht nur beizubehalten, sondern noch zu erweitern. Der Nutzen aber, der daraus entspringt, kommt nicht wie heute dem einzelnen Privatunternehmer, er kommt Allen zu Gute. Wird heute eine Maschine erfunden, welche die Arbeitskraft nur Eines Menschen erfordert, und in derselben Zeit, die früher nöthig war, um das einfache Quantum herzustellen, das fünf- bis fünfzigfache schafft, — der Arbeiter hat keinen Vortheil davon. Die Maschine bedarf nur Aufsicht, erfordert oft nur geringe Kraft, so daß an Stelle des erwachsenen Arbeiters sehr häufig eine billigere Arbeitskraft, eine Frau oder ein Kind, gesetzt werden kann. Liefert die Maschine nun gar das Fünf und Fünfzigfache an Produkten mehr, so ist die Folge, daß die früher beschäftigten Arbeiter theilweise brodlos werden und, da sie leben wollen, sich selbst Konkurrenz machen und den Lohn herabdrücken. So bringt jeder Fortschritt, jede neue Erfindung dem kapitalistischen Unternehmer Nutzen, dem Arbeiter Schaden. Das hört in der gesellschaftlichen Produktion auf. Die Vortheile verbesserter Produktion haben Alle, den Gewinn vermehrter Produktion genießen Alle. Mehr Genuß, weniger Arbeit. Aber arbeiten müssen Alle, Faulenzer giebt's nicht. Letztere werden im sozialistischen Staat dieselbe Rolle spielen, wie die Diebe im heutigen; allgemeine Verachtung ist ihr Loos.

Im heutigen Staat und der heutigen Gesellschaft ist's umgekehrt: wer am meisten **faullenzt**, weil er von der Arbeit Anderer sich mästet, ist am angesehensten; wer die **Profitmacherei** am besten los hat, wird bewundert, und der Mann der vom frühesten Morgen bis in die späte Nacht oft mit Frau und Kind sich abrackern muß, verdient kaum so viel, um Tag für Tag das nackte Leben zu fristen. Es ist himmelschreiend.

Vergleichen wir nun das rührende Bild, das die „Demokratische Korrespondenz" von dem Fabrikanten, von dem Kaufmann entwirft:

„Der geschäftliche Großbetrieb, sagt sie, erfordert doch wahrlich noch etwas Anderes, als blos den Kapitalisten und sein Kapital. Es heißt nicht nur menschlich ungerecht sein, wenn man die Fabrikanten so mir nichts dir nichts als große Herren hinstellt. Heutzutage wird Fabrikant Niemand zu seinem Pläsir, zum Zeitvertreib. Gelernt haben diese Männer doch auch das Ihrige. Weder die technische, noch die kaufmännische Seite ihres Geschäfts darf ihnen fremd sein. Thätig sein müssen sie auch. Einen Stand mit politischen Vorrechten bilden sie nicht u. s. w."

Es ist viel, sehr viel, was die „Demokratische Korrespondenz" da ruhig sagt. Untersuchen wir. Der Großbetrieb braucht mehr als den bloßen Kapitalisten und sein Kapital. Nein, Verehrte, der Großbetrieb braucht **nichts weiter, als Kapital**. Der Kapitalist bekommt durch sein Kapital alles Uebrige, was er haben will und braucht: technische und kaufmännische Leitung, Arbeitskraft, Maschinen, Rohmaterial, Alles, Alles bekommt er für Kapital und er hat, wenn er will, nichts weiter zu thun, als die Bücher zu prüfen und den Profit — und oft was für einen Profit! — einzustreichen. Gewiß eine kleine Arbeit für eine **große** Belohnung. Daß alle Fabrikanten nicht „große" Herren sind, weiß ich recht gut. Namentlich haben die kleinen rechte Nöthen, die Konkurrenz zu bestehen und sich zu halten. Das liegt in der Natur der heutigen Produktionsverhältnisse, wo die Konkurrenz das A und O der bürgerlichen Entwicklung auf dem Weltmarkt nothwendig sein muß. Heute wird planlos in den Tag hinein producirt, kein Mensch hat eine Ahnung des wirklichen Bedürfnisses und eine in Folge dessen in einem Produktionszweig hervorgerufene Ueberproduktion entwerthet das Produkt, ruinirt den Kleinen, der den Schlag nicht aushalten kann, und übt dadurch auch in den andern Produktionszweigen seine schlimme Rückwirkung aus.

Kommt noch hinzu, daß durch solche Krisen eine Menge Produkte entwerthet und vernichtet werden, also eine große Menge menschlicher Arbeitskraft nutzlos ausgegeben ist.

Ich muß hier ein für alle Mal bemerken, daß unser Kampf nicht gegen den einzelnen Fabrikanten oder Kapitalisten, sondern gegen die **ganze Klasse** gerichtet ist. Der einzelne Fabrikant steht den heutigen Verhältnissen gerade so ohnmächtig gegenüber, wie der einzelne Arbeiter. Er muß sich den Gesetzen des Weltmarktes und der Production fügen, oder er geht zu Grunde; womit nicht gesagt sein soll, daß der einzelne Fabikant nicht viel zur Milderung des Mißverhältnisses zwischen sich und seinen Arbeitern thun kann. So weit er dies nicht nur nicht thut, sondern wohl gar noch seine vortheilhafte ökonomische Stellung zu größerem Druck und größerer Ausbeutung benutzt, ist auch der Einzelne unser Feind und wird rücksichtslos bekämpft.

„Heutzutage (aber wohl früher? Anmerkung des Verfassers) wird Niemand Fabrikant zu seinem Pläsir oder Zeitvertreib," behauptet die „Demokratische Korrespondenz". Ei, was hindert denn den Fabrikanten, Lohnarbeiter oder Kleinhandwerker zu sein? Nichts! Es muß also doch ein besonderes Vergnügen sein, Fabrikant zu werden, sonst wären so viele Menschen nicht so erpicht darauf! Die durchschnittliche Lebensdauer der Fabrikanten und Kaufleute ist viel höher, als die Lebensdauer der arbeitenden Klasse. Die meist runden wohlgenährten Gesichter wie der kräftige Körperbau zeichnen sie ebenfalls sehr vortheilhaft aus vor den meist mageren, oft hohläugigen Gestalten der Arbeiter. Lange Lebensdauer und gute Genährtheit sind aber die sprechendsten Zeichen von geringer Sorge und gutem Leben. Es muß es also doch wohl keine Last sein, Fabrikant zu sein. Die „Demokratische Korrespondenz" täuscht sich folglich auch hier.

„Gelernt haben diese Männer doch auch das Ihrige", fährt sie fort. —

Gewiß, nur ist das leider sehr oft nicht weit her und steht der Kapitalist nicht selten nicht bloß an gesellschaftlicher, sondern auch oft an allgemeiner Bildung weit unter seinem Arbeiter. In unseren Fabrikstädten ließen sich mit Leichtigkeit massenweise Beispiele über die „Bildung", d. h. die Unbildung, um nicht Schlimmeres zu sagen, unserer Unternehmer- und Kapitalistenklasse beibringen*)

*) Und da in neuerer Zeit es Mode geworden ist, die Sozialisten als Untergraber der Sittlichkeit und der Familie hinzustellen, so ist es nicht überflüssig, hier darauf hinzuweisen, daß in diesen beiden Beziehungen unsere Kapitalistenklasse bereits das Menschenmögliche leistet. Betrügerische Bankerotte, Wechsel- und Urkundenfälschungen, nicht zu erwähnen die Börsenschwindeleien und die Betrügereien sogenannter Gründerkonsortien für allerlei Unternehmungen, sind Verbrechen gegen die Sittlichkeit, welche zu begehen unsere Unternehmerklasse das ausschließliche Privilegium hat. Würde die Statistik einmal untersuchen, welcher Prozentsatz der Insassen unserer Gefängnisse und Zuchthäuser auf die Unternehmerklasse fiele, ich bin überzeugt, die Untersuchung fiele sehr ungünstig aus für unsere „Gebildeten und Besitzenden" trotzdem hier ganz besonders das bekannte Sprichwort gilt: Die kleinen Diebe hängt man, die Großen läßt man laufen. Mit der „Untergrabung der Familie" würde das Resultat noch schlimmer lauten. Ist die Ehe bei unseren sogenannten „Besitzenden und Gebildeten" nicht unter neun von zehn Fällen ein Geldgeschäft? Würden nicht mindestens Dreiviertel wegen Ehebruchs verurtheilt werden, wenn ihre Gemahlinnen es mit der ehelichen Treue ihrer Eheherren strenge nehmen wollten? Aus welchen Kreisen kommt denn das reichhaltigste Material für die chronique scandaleuse? Wer übertrifft in der offenen und geheimen Maitressenwirthschaft noch die Aristokratie? Die Beantwortung dieser Fragen überlasse ich den „Besitzenden und Gebildeten".

Ich habe schon oben gezeigt, wie wenig Wissen Jemand braucht, wenn er Kapitalist ist. Hinge Kapitalist zu sein vom Wissen, von der Bildung ab, dann müßten artige Veränderungen in der Welt vorgehen. Gar mancher Kapitalist würde zum Arbeiter degradirt und viele der ihm Untergeordneten könnten seine Kapitalistenstellung einnehmen. Die edelsten und größten Geister der Nation hätten Kapitalisten sein müssen; die „Demokratische Korrespondenz" weiß noch viel besser als ich, daß sie das gerade Gegentheil in fast allen Fällen waren und sind. Beispiele: Unsere wissenschaftlichen Kapazitäten, ferner Dichter und Erfinder, namentlich die letzteren, wissen ein Liedlein zu singen.

Die technische und die kaufmännische Seite des Geschäfts darf ihnen „nicht fremd sein", meint die „Demokratische Korrespondenz". Die Worte „nicht fremd sein", charakterisiren den Ausspruch, ich habe nicht nöthig, ihn weiter zu kritisiren. „Thätig sein müssen sie auch" O, und wie! Die Wein- und Frühstücksstuben und die Bäder und Vergnügungstouren geben die Antwort hierauf. „Einen Stand mit politischen Vorrechten bilden sie nicht." Wirklich nicht? und das schreibt ein „demokratisches" Blatt. Weiß die „demokratische Korrespondenz" wirklich nichts von dem Klassenwahlsystem in Preußen und Baden, dem Censussystem in Sachsen, dem indirekten Wahlsystem in Bayern, der Diätenentziehung für Reichstag und Zollparlament? Ei, wem kommt denn das Alles zu Gute, etwa dem Arbeiter? Und selbst da, wo Alles dies beseitigt ist, schafft der Kapitalist nicht schon durch das Kapital sich Vorrechte, hat er nicht den abhängigen Arbeiter, ist nicht die Presse in seiner Hand, womit die öffentliche Meinung gemacht, ja wohl, gemacht wird? Sind nicht die höheren Bildungsanstalten für seine Klasse da? Und dann Steuer-, Militär-, Rechtssystem — gewähren die keine Vortheile dem Kapitalisten? Wer das verneint der muß blind sein.

Die „Demokratische Korrespondenz" ist fürwahr kühn, sehr kühn in ihren Behauptungen. Und durch das, was sie dann ferner über die Stellung des Kapitalisten zum Staat früher und jetzt sagt, — beweist sie damit nicht gerade, was sie widerlegen will? Sie giebt vollständig zu, was ich schon oben ausgeführt, daß die Kapitalistenklasse durch den Staatsschutz und die Staatshilfe groß geworden, jetzt aber, nachdem sie großgezogen und auf eigenen Füßen stehen kann, drängt sie ihren früheren Erzieher und Beschützer, den Staat, mehr und mehr bei Seite.

Wie wenig aber die Person des Kapitalisten, also seine geistigen und körperlichen Fähigkeiten, beitragen, sein Kapital zu vermehren, das beweisen schlagend unsere Aktiengesellschaften. Ein Beispiel aus der Heimath der „Demokratischen Korrespondenz" wird ihr das am besten beweisen. In Eßlingen besteht eine große Maschinenfabrik, in der circa 1500 Arbeiter beschäftigt werden. Die Fabrik ist Aktienunternehmen, d. h. eine Anzahl Kapitalisten haben sich vereinigt, eine bestimmte Summe Kapital zusammengeschossen und damit Arbeitsräume, Werkzeuge, Arbeitskraft, technische und kaufmännische Leitung gekauft. Am Ende des Jahres macht die Fabrik ihren Geschäftsabschluß und es stellt sich heraus, daß die angewandte geistige, und physische Arbeitskraft so viel Mehrwerth erzeugt hat, daß nach Deckung aller Unkosten jeder Aktionär auf eine 100 Gulden=Aktie 8 Gulden Dividende erhält. Innerhalb 12½ Jahren also hat sich das Kapital des Aktionärs, ohne eine andere Arbeit von Seiten seines Besitzers als die, welche ihm das Einsacken der Dividende verursacht, verdoppelt, er erhält auch, wenn er seine Aktie dann verkauft, statt der früher eingezahlten 100 fl. viel= leicht 150 oder 160 fl., hat also noch „Extra=Entbehrungslohn" von 50—60 fl. über den Kapitalbetrag. Wenn die ganzen Aktionäre Dummköpfe sind, kein einziger von der technischen oder kaufmän= nischen Leitung versteht, wird doch der Profit derselbe sein. Keiner hat ja mitgearbeitet, Keiner eine Faser seines kostbaren Hirns geopfert, und doch ist der Profit da. Die technische und kaufmännische Leitung aber ist, wie jede andere Arbeitskraft, nach ihrem Marktwerth ge= kauft, d. h. bezahlt worden.

Die „Demokratische Korrespondenz" sieht also, wie äußerst ange= nehm es ist, Kapitalist zu sein, und daß das Arbeitervolk alle Ursache hat, rebellisch zu werden, da alles Kapital nur angesammelter frem= der Arbeitsertrag ist.

Hierbei muß ich einen anderen Irrthum der „Demokratischen Korrespondenz" in der Auffassung meines Vortrags widerlegen. Mei= nen Ausspruch: an die Stelle des Arbeitslohnes müsse der Arbeits= ertrag treten, verwechselt sie mit Antheil am Geschäft. Das ist ein himmelweiter Unterschied. Beim vollen Arbeitsertrag des Arbeiters ist ein einzelner Geschäftsinhaber unmöglich, Jeder nimmt gleichen Theil am Geschäft nach dem Maßstab seiner Leistung. Beim „Antheil am Geschäft" aber muß ich einen Geschäftsinhaber, Fabrikanten oder Kauf= mann voraussetzen, der einen Theil des Reingewinns, und zwar einen ihm beliebigen Theil, dem Arbeiter abgiebt. Das ist, wie die „Demo= kratische Korrespondenz" ganz richtig bemerkt, ein „freies Kontrakts= verhältniß", ohne Dazwischenkunft des Staats, und ich glaube recht gern, daß die Bourgeoisie diesen „Antheil am Geschäft" sehr bereitwil= lig einführen wird, wenn ihr die Regulirung der Produktionsverhält= nisse durch den verhaßten Staat auf den Hals zu rücken drohte. Aber zu solchen Kontrakten gehören Zwei und die Arbeiter wären Narren, wenn sie mit einem Gnadenbrocken fürlieb nähmen, wo sie das Ganze bekommen können, wenn sie, statt selbst U.iternehmer und Gleichbe= rechtigte zu werden, es vorziehen sollten, im Abhängigkeitsverhältniß zu bleiben und mit dem theilweisen Ertrag ihrer Arbeit sich zufrie= den zu geben. Die Bourgeoisie würde bei diesem „Antheil" am Ge= schäft nicht einmal schlechter fahren, sie würde im Gegentheil nur pro= fitiren, und da die Gescheidteren das bereits begriffen haben, so ist die neue ausgegebene Losung: „Antheil am Geschäft für die Arbeiter" — Einführung des „Partnership=Systems" wie man es in England nennt.

Sehen wir dem Ding einmal etwas näher auf den Grund.

Ich setze den Fall, eine beliebige Fabrik werfe 20 Prozent Rein= gewinn ab. Der Fabrikant erbietet sich 25 Prozent des Reinertrags seinen Arbeitern abzutreten und nach Verhältniß des Lohnes zu ver= theilen. Der Arbeitslohn für 50 Arbeiter soll das Jahr über 10,000 Thlr. betragen haben, auf ebensoviel belaufe sich der Reingewinn. Da der Fabrikant ein Viertel hergeben will, so würden 2500 Thlr. unter die Arbeiter vertheilt werden. Es erhielte also jeder Arbeiter zu seinem Lohn von ca. 200 Thlr. noch 50 Thlr., also 250 Thlr. Der Fabrikant hätte 2500 Thlr. weniger, jeder Arbeiter 50 Thlr. mehr. Das wäre nicht übel, wenn die Verhältnisse in der alten Art blieben. Das ist aber nicht der Fall. Die Arbeiter, weil sie 25 Prozent vom Reinertrag des Geschäfts bekommen, arbeiten nun weit fleißiger, weil sie den Betrag der 25 Prozent möglichst groß machen wollten. Sie begreifen, daß Verschleuderung des Rohmaterials, Licht, Oel ꝛc. Geld kostet und bedeutend erspart wird, wenn sie vorsichtig damit umgehen. Noch mehr: der Eifer, den die Arbeiter in Folge der Aussicht auf Gewinn an den Tag legen, ohne äußeren Zwang, setzt den Fabrikanten in die Lage, einen Werkführer zur Aufsicht weniger zu halten, — es werden also abermals ein paar hundert Thaler erspart. Durch alle diese Umstände kommt es dahin, daß der Gewinn, statt 10,000 Thlr., das nächste Jahr 15,000 Thlr. beträgt. Da die Arbeiter ¼ bekommen sollen, erhalten sie 3750 Thlr. zusammen, jeder Einzelne, statt 50 Thlr. jetzt 60½ Thlr.; er hat, wohlgemerkt, fleißiger gearbeitet, mit dem Rohmaterial gespart u. s. w. Der Fabrikant aber erhält statt 7½ Tausend des vorhergehenden Jahres 11,250 Thlr., d. h. noch 1250 Thlr. mehr als er hatte, ehe er die Geschäftsantheile einführte. Er hat diese 1250 Thlr profitirt mit weniger Arbeit und wenig oder keinem Aerger. Auf wessen Vortheil läuft also das ganze Partnership-System hinaus? Wesentlich auf Vortheil der Fabrikanten. Da aber neben dem Partnership-System das Lohn-System und die Gesetze, die es reguliren, nicht aufhören, so wäre die weitere Folge, daß die Lohnsätze mehr und mehr sänken und sehr bald der alte Zustand für die Arbeiter wieder hergestellt würde, während die Kapitalisten bedeutend reicher geworden wären. Das ganze Partnership-System wäre bald offen vor aller Welt, was es für den tiefer Blickenden heute schon ist, ein — Schwindel, ein Palliativmittel wie so viele andere, und würde nie und nimmer die Klassengegensätze ausgleichen. Weg damit! Der volle Arbeitsertrag bleibt unsere Losung, die Organisation der genossenschaftlichen Arbeit durch die ganze Gesellschaft unser Feldgeschrei.

Der „Demokratischen Korrespondenz" macht die „Vertheilung" des Arbeitsertrages Kopfschmerzen, sie thut, als wären wir noch in so kindlichen Zuständen, daß ohne Eingriffe einer „höheren Gewalt", und sei es auch nur die eines Fabrikanten, sich das gar nicht machen ließe. Ich versichere der „Demokratischen Korrespondenz", daß die Vertheilung uns den geringsten Kummer macht, wenn wir nur erst zu vertheilen haben. Die höhere Leistung wird höher entschädigt, aber nur für die Leistung entschädigt. Wer mehr bekommt, kann mehr verbrauchen, aber das Schwelgen wird aufhören, die Armuth und das Darben aber auch. Sparen mag auch Jeder so viel er Lust hat, aber sein Erspartes ist kein „Kapital" er findet Niemand, den er exploriren (ausbeuten) kann, durch den er Erspartes vermehren kann ohne — persönliche Arbeit. Auch ist es erstaunlich, welche Fragen die „Demokratische Korrespondenz" über die innere Einrichtung der Genossenschaften stellt! Sie, die sonst scharf genug Diejenigen niederdonnert, welche etwa zweifeln, daß das Volk im Stande sei, seine eigenen Angelegenheiten im Staat zu ordnen — sie thut, als wenn das Volk aus lauter Kindern bestände, unfähig, eine Genossenschaft einzurichten und zu leiten. Die einfachste Produktivgenossenschaft auch unter den heutigen Zuständen, ja jeder Konsumverein, jeder Kreditverein sollte ihr schlagend beweisen, daß die Arbeiter allerdings im Stande sind, ihre Organisationen zu schaffen, und daß sie es doppelt im Stande sind in einem Staat, in dem allgemeine Bildung auf's höchste zu pflegen eine der Hauptaufgaben sein wird.

Da die genossenschaftliche Produktion eine „staatlich vorgeschriebene Nothwendigkeit" werden soll — um mit der „Demokratischen Korrespondenz" zu reden — so wird sie auch einsehen, daß die Leute mit der „von Natur angelegten kaufmännischen Ader", wenn sie nicht verhungern wollen, mit eintreten müssen. Ich denke mit so viel „Intelligenz" wird sich der rechte Weg leicht finden lassen, wenn er, was meine Ueberzeugung ist, sich nicht schon ganz von selbst aus den neuen Verhältnissen ergeben sollte.

Nachdem ich dargethan, daß nur die genossenschaftliche Produktion, eingeführt durch die ganze Gesellschaft, das Ziel und einzige Ziel sein kann, fallen die Fragen der „Demokratischen Korrespondenz": „Welchen Antheil der Arbeiter an dem Risiko unglücklicher Konjunkturen haben soll", ganz von selbst. Sie setzt bei all diesen Fragen ein Verhältniß von Arbeitern und Arbeitgebern voraus, welches dann gar nicht mehr existirt.

Das gefürchtete Risiko, Glück und Unglück der Konjunkturen, wird in einer richtig organisirten Gesellschaft ganz oder so gut wie ganz verschwinden, da diese Uebelstände nur in einer Gesellschaft existiren können, wo planlos producirt wird, das Profitmachen gerade wesentlich davon abhängt, daß Einer den Andern tüchtig über's Ohr haut. In einer planmäßig geleiteten Produktion wird es durch statitistische Erhebungen leicht sein, den Bedarf an Artikeln festzustellen und dadurch wird die Ueberproduction, die Quelle aller Geschäftsstockungen, aufhören; es wird das um so leichter sein, da eigentliche Luxusartikel, die heute nur eine kleine Minorität kaufen und genießen kann, verschwinden, dagegen aber die Zahl der wirklich nützlichen Bedürfnißgegenstände erhöht und vermehrt werden wird. Diese planmäßige Leitung der Produktion wird noch dadurch erleichtert werden, daß dieselben Maßregeln, welche bei uns durchzuführen sind, in andern Kulturstaaten gleichfalls zur Geltung gebracht werden müssen. In einem internationalen Gesellschaftsrath, oder wie man diese Behörde sonst nennen wollte, liefe das ganze Material, das in den einzelnen Staaten gesammelt würde, zusammen. Eine solche Behörde würde vielleicht insgesammt soviel kosten, als heute ein paar unserer gänzlich unnützen Gesandtschaften erheischen, der Nutzen ständen aber im umgekehrten Verhältniß zu ihren Kosten. Wie sehr die Arbeiter die Nothwendigkeit einer solchen Organisation begriffen haben, beweist die Existenz der „Internationalen Arbeiter=Assoziation", die, jetzt allerdings als Kriegsmittel organisirt, in sich selbst das heilende Friedensmittel birgt.

In welcher Art die Vertheilung der Staatsmittel stattfinden soll, möchte die „Demokratische Korrespondenz" noch wissen. Zunächst über die Summen zu bestimmen, ist Sache der Volksvertretung, resp. des Volkes selbst, das darüber sein Votum abzugeben hat. Die Verthei=lung der Mittel für die einzelnen Zweige der Produktion hätte doch nur so lange stattzufinden, als auf Beschäftigung harrende Menschen=kraft vorhanden ist. Die Genossenschaften, einmal organisirt, ergänzen sich selbst durch die nachwachsenden Generationen. Inwiefern durch Produktion neue Bedürfnisse zu befriedigen sind, darüber entscheidet die Gesammtheit.*) Die demokratischste Einrichtung von der Welt würde also bestehen.

Auf die so oft gehörte Frage, wie in einem Staat, wo das Koope=rativsystem verwirklicht ist, Berufsarten unterkommen sollen, bei denen ein genossenschaftliches Zusammenwirken nicht möglich ist, z. B. bei Aerzten, Gelehrten u. s. w., erwidere ich, das diese, als im Dienste der Gesammtheit wirkend, auf Kosten der Gesammtheit erhalten werden müssen. Hingegen Existenzen, welche, ohne Nutzen für das Ganze, auf Kosten der Gesammtheit existiren wollen, wie wir deren heute nicht wenige haben, als Diebe und Verbrecher am Gemeindewohl zu behan=deln sind.

Bei der allmähligen Umwandlung der kapitalistischen Produktion in die genossenschaftliche kämen diejenigen Arbeitsbranchen zunächst an die Reihe, die am meisten leiden und so der Reihe nach die andern. Für die eigentliche geschäftliche Organisation werden die heute erst in den Windeln liegenden Gewerksgenossenschaften das prachtvollste Mit=tel abgeben. Die Beamten=Maschinerie zur Beförderung des Volkswohl=standes würde bei weitem nicht so stark sein, wie die zur Unter=drückung jeder freiheitlichen Regung, die wir heute haben und erhal=ten müssen; ihre Erhaltung, durch das erhöhte Wohlbefinden Aller, eine ungleich leichtere sein. Die Waffe gegen Uebergriffe der Behörden hat das Volk in sich selbst, es ist souverain; die Beamten sind seine Beauftragten, nicht seine Herren.

---

*) Für die Organisation der Arbeit wird die Einrichtung der Kom=munen von der größten Wichtigkeit sein. Daß neben der Production auch die Konsumtion (der Verbrauch) organisirt werden muß, versteht sich von selbst. In der jetzigen Gesellschaft existirt eine große Klasse von Menschen, und zwar nicht die schlechtest gestellte, durch den Ver=trieb der Produkte. Es ist dies eine Klasse von Leuten, die als Agen=ten, Makler, Krämer, kurz Zwischenhändler aller Art, ihre Existenz da=durch finden, daß ein Preisaufschlag auf den Preis der Waare erfolgt, den der Konsument selbstverständlich bezahlen muß. Im sozialistischen Staat würde diese Klasse verschwinden. Große Lager oder Bazars würden die Stelle unserer Kramladen, kaufmännischen Geschäfte &c. er=setzen. Durch diese Konzentration würde für die Gesammtheit eine Masse von Zeit und Kosten erspart. Die durch eine solche Einrichtung aber mobilgemachte Klasse würde in der Produktion beschäftigt wer=den, also statt durch den Vertrieb fremder Produkte, von der Erzeu=gung eigner Produkte existiren.

Die „Demokratische Korrespondenz" wird hieraus ersehen, daß in der Wirklichkeit, wenn erst einmal der Wille des Volkes zu dieser Reorganisation da ist, sich alles andere verhältnißmäßig leicht ergiebt. Daß Fehler dabei gemacht werden können, das will ich nicht bestreiten; wo sind diese nicht gemacht worden? Heutzutage werden sie wahrhaftig nicht am wenigsten gemacht. Daß man unsern Vorschlägen nicht bessere gegenüberstellen kann, will ich ebenfalls nicht behaupten; wer bessere weiß — heraus damit! So lange aber nicht bessere gemacht werden, halten wir die unseren für die besten, das wird uns Niemand verdenken. Unsere Vorschläge — und das giebt uns die Ueberzeugung, daß sie gut sind — sind nicht willkürlich aufgebaut, sie sind das natürliche Ergebniß der Prüfung der bestehenden Verhältnisse, sie haben also eine sehr reale Grundlage.

Die „Demokratische Korrespondenz", die sich in 3 langen Leitartikeln ehrlich Mühe gegeben, unsern Vorschlag als unmöglich darzuthun, hätte doch endlich selbst einen Vorschlag machen sollen. Was sie als solchen zu Tage fördert, ist so kläglich, das man wohl in den Ausruf ausbrechen darf: Der kreisende Berg gebar eine — Maus.

„Die Staatshilfe zu einer andern Vorbildung und Ausbildung" verlangt die „Demokratische Korrespondenz", aber auch wieder mit der Einschränkung, „soweit sie überhaupt thunlich ist". Nun, ich habe bereits in dieser Abhandlung an einer andern Stelle auf den Einfluß und die Stellung, welche die Bildung unter den heutigen ökonomischen Verhältnissen hat, hingewiesen; ich will nur noch eine Frage an die „Demokratische Korrespondenz" richten: Von zwei Knaben, die geboren werden, lächelt dem einen bereits in der Wiege ein sicheres väterliches Vermögen von 25,000 Thlr. entgegen, dem andern Nichts. Der reiche bleibt vielleicht, wenn er erwachsen ist, trotz aller auf ihn angewandten Mühe — was man so nennt — ein Dummkopf, der andere ist ein gescheidter, aufgeweckter Kerl. Welcher hat nun nach Ansicht der „Demokratischen Korrespondenz" die meiste Aussicht, ich will sagen, Hunderttausendthalermann zu werden? Ich bitte um Antwort, aber ohne Umschweife.

Die „Demokratische Korrespondenz", welche ihre Artikel mit der Erklärung begann, daß sie ein ihr ganz fremdes Gebiet, tastend und suchend betrete, verfällt im Laufe derselben in eine Kritik unserer Vorschläge, die einem echten Manchestermann, einem Schulze-Delitsch oder Faucher alle Ehre machten, und der „Stuttgarter Beobachter"*) druckt die Artikel an bevorzugter Stelle ab, jedenfalls als Zeichen seines vollen Einverständnisses. Man hat den genannten Blättern in der letzten Zeit von Seiten ihrer Gegner häufig sozialistische und — lächerlich genug — sogar kommunistische Anwandlungen vorgeworfen. Die Gegner werden sich mit Beschämung eingestehen müssen, wie bitter unrecht sie gethan. Was die „Demokratische Korrespondenz" jetzt zu Markt gebracht und der „Stuttgarter Beobachter" gläubig nachgedruckt, konnte jedes national-liberale Blatt mit gutem Gewissen aufnehmen. Hr. Dr. Eduard Pfeiffer in Stuttgart**) wäre sogar weiter gegangen.

---

*) Organ der würtembergischen Volkspartei.
**) Ein der Manchester-Richtung angehörender Nationalökonom.

Ich könnte nun meine Entgegnung schließen, ich bin aber der „Demokratischen Korrespondenz" noch eine Antwort schuldig. Diese betrifft unsere Stellung zur Grund- und Bodenfrage, zur Lage des bäuerlichen Proletariats.

Daß es ein solches giebt, hat die „Demokratische Korrespondenz" selbst zugegeben. Daß dessen Lage eine oft noch schlimmere ist, als die des industriellen Proletariats, das kennt und schildert sie so vortrefflich, daß ich es vorziehe, ihre eignen Worte statt der meinen zu gebrauchen. Sie sagt:

„Die ländlichen Arbeiter bleiben, soweit wir den Erörterungen auf Kongressen und in den Tagesblättern gefolgt sind, von vorn herein außer Frage. Und doch ist die Forderung der Selbstständigkeit für sie mit demselben Rechte zu stellen, wie für die städtischen Arbeiter, und ebenso ist andrerseits die Forderung der Staatshilfe an die ländliche Bevölkerung, die auch ihr Theil wird beitragen müssen, wenn's anders Staatshilfe sein soll, schlechterdings nicht zu stellen noch zu verantworten, wenn der Ertrag ausschließlich dem zu Gute kommen soll, was jetzt ausschließlich Arbeiter heißt. Soll der Staat dafür sorgen, daß es in den Städten keine „Sklaven" — das ist nicht unser Ausdruck! — mehr giebt, so hat er gleicher Weise die Pflicht, auf dem Lande die „Knechte" zu beseitigen. Unter dieser Bezeichnung fassen wir die Taglöhner, Heuerlinge und sonstige Hintersassen zusammen, die neben dem reicheren Bauer wahrlich oft eben so traurig dran sind, wie der städtische Arbeiter neben dem Fabrikherrn, und die vor allen Dingen, falls sie sich nicht von der Scholle losreißen, forterbend von Geschlecht zu Geschlecht an diese traurige Lage gebannt sind, während die Bauern in der besseren Lage neben oder über ihnen ausharren von Geschlecht zu Geschlecht und nicht, wie die Fabrikherren oft genug, wechseln.

„Daß diese Frage des ländlichen Proletariats existirt, wird nur die Unkenntniß leugnen. Daß sie, wenn einmal die Arbeiterfrage in Form der Staatshilfe offiziell zur legislatorischen Erörterung und Entscheidung kommt, rasch genug sich herandrängen wird und in nicht grad freundlicher Gestalt, ist so zweifellos, wie, daß sie bisher sich nicht so geltend gemacht hat, erklärlich ist. Die soziale Frage ist zuerst gestellt von Gelehrten und Denkern, denen die ländlichen Verhältnisse ferne lagen; sie ist aufgenommen von städtischen Arbeitern, die in städtischer Luft geistig unabhängiger, im Zusammenleben mit den dichter gedrängten Arbeitermassen kühner und selbstbewußter auftraten; sie wird jetzt geführt von den Leitern und Angehörigen der Arbeiterkreise, die Beschäftigung und Interesse zusammengeführt und die allerdings mit der Noth und den Nöthen, die ihnen zunächst liegen, hinlänglich zu schaffen haben, um die Arbeiterfrage, wie sie sich ihnen aufdrängt, nicht auch noch auf Die zu erweitern, deren Lage sie wenig kennen und deren zusammenhangslose Existenz sie bisher noch nicht zu weithin sichtbaren und fühlbaren Korporationen hat gelangen lassen. Aber erklärlich wie das Alles ist, wir wiederholen: die Frage der Staatshülfe schließt die ländlichen Arbeiter ein, und wer jene loyal behandeln will, hat dieser zu gedenken".

Gegen den ersten Satz muß ich allerdings Verwahrung einlegen. Die Frage der Lage des ländlichen Proletariats ist erörtert worden, ich erinnere an Basel! Sie ist dort sehr ernst erörtert worden. Wir werden darüber weiter sprechen.

Es passirt nun freilich der „Demokratischen Korrespondenz", daß sie das ländliche Proletariat genau in dem beschränkten Sinne auffaßt, wie das industrielle. Wie der Kleinhandwerker in seiner meist kümmerlichen Existenz für sie immer noch als „Meister", als „Selbstständiger", als so eine Art „Unternehmer" gilt, dessen Lage nichts zu wünschen übrig lasse, ebenso sieht sie im ländlichen Proletariat nur den Taglöhner, Heuerling und Hintersassen, — letztere sind ihr aus Preußen zweifellos genau bekannt — mit ihrem ganzen Jammer und ihrer ganzen Noth.

Den kleinen Bauer, wie er in Mittel- und Süddeutschland meist seine elende Existenz hinlebt, rechnet sie nicht hinzu, obgleich diese Klasse im wesentlichen auf derselben Stufe, wie die vorhin erwähnten Kategorien steht, und durch den Großgrundbesitz, ähnlich wie der Kleingewerbetreibende durch den Großindustriellen, mehr und mehr herabgedrückt wird, bis schließlich Räumung seines Ackerlandes und Eintritt als Taglöhner bei dem Großgrundbesitzer oder Eintritt in die Fabrik als Lohnarbeiter ihn auf der untersten Stufe unserer sozialen Stufenleiter ankommen läßt.

Wie kommt das? Bei uns in Deutschland, wenigstens in den meisten Gegenden, ist nicht, wie in England, die Vererbung und damit die Zersplitterung des Grund und Bodens gehindert. In den meisten deutschen Ländern hat man die Beschränkungen des Erbrechts und Theilkaufs aufgehoben; in Sachsen, wo in dieser Beziehung noch eine Beschränkung in Bezug auf den Theilkauf oder Verkauf herrscht, hat die zweite Kammer kürzlich den Versuch gemacht, diese Beschränkungen zu beseitigen. Die Folge solcher Einrichtungen ist, daß der Grund und Boden in sehr viele Stücke zersplittert wird. Jeder möchte sein Bischen Eigenthum haben, auf dem er das zur Befriedigung seiner Bedürfnisse Nothwendigste erbauen kann. Das geht aber nur bis zu einer gewissen Grenze. Wird das einzelne Besitzthum immer kleiner, dann reicht es schließlich nicht mehr aus, den Besitzer zu ernähren. Dieser will sich aber nicht bloß die nöthigsten Bodenerzeugnisse verschaffen, sondern es soll aus dem Ertrage noch ein Ueberschuß erzielt werden, den er verkaufen, mit dem er seine Steuern, etwa die Zinsen einer kleinen Schuld, Kleidung und sonstige Bedürfnisse befriedigen kann. Da ein wesentlicher Hebel für reichlicheren Ertrag des Bodens eine ordentliche Düngung ist, so muß er auch den nöthigen Dünger beschaffen. Um Vieh zu halten, reicht sein Feld nicht; den Dünger zu kaufen, fehlen ihm die Mittel; die natürliche Folge davon ist Verminderung des Ertrags. Der kleine Mann ist in Verzweiflung, er sieht sich nach Hilfe um. Da erscheint wie ein rettender Engel ein schlauer Unternehmer. Dieser hat bemerkt, daß das arme Volk in größter Noth lebt, er sieht, daß die Bestellung des Aeckerchens ihm viel Zeit übrig läßt, als Mann mit einer „natürlichen kaufmännischen Ader" hat er schnell berechnet, daß er diese freie Zeit gegen schlechten Lohn gut ausnützen könne.

Er errichtet irgend eine Manufaktur (Leinweberei, Baumwollen-
weberei, Strumpfwirkerei u. dgl.). Das arme Volk greift zu, es berechnet, daß, wenn es neben dem Ertrag des Aeckerchens noch Einiges
durch Lohnarbeit verdiene, es seine Existenz schon fristen könne. Ein
Hundelohn wird ihm geboten. Allein auch dieser sinkt sehr bald,
weil die Zahl der Arbeiter immer größer wird und sie sich Konkurrenz
machen, und weil der Unternehmer erklärt, er könne für dasselbe
Stück den alten Lohn nicht mehr zahlen, indem die Konkurrenz der
Maschinerie ihn zwinge, seine Waare billiger zu verkaufen. Der kleine
Bauer rechnet, daß er bei dem geringen Lohn nur mehr herausschlagen
könne, wenn er länger arbeite; wenn er aber länger arbeiten will,
bleibt ihm keine Zeit, den Acker zu bestellen. Er verkauft ihn, natürlich für geringen Preis. An wen? An einen größeren Besitzer, an
einen Kapitalisten. Der hat gefunden, daß wenn auch die kleinen Bauern
aufhören müssen mit dem Ackern und industrielle Arbeiter werden, sie
doch leben müssen. Er findet in den ehemaligen kleinen Bauern, jetzt
industriellen Arbeitern, seine nächsten und besten Kunden. Er kauft
ein Stückchen Land nach dem andern, so weit er kaufen kann. Mit
jedem Kauf hört ein kleiner Bauer auf, ein Konkurrent verschwindet,
ein Konsument für ihn entsteht. Da er einen anständigen Länder-
komplex hat, begreift er, daß diesen durch Tagelöhner zu bebauen ihm
zu theuer kommt, er macht's daher wie der Industrielle: er legt sich
Maschinen zu. Ein tüchtiger, mit den nöthigen technischen Kenntnis-
sen versehener Verwalter ist auch zur Hand. So betreibt er den Ackerbau im Großen, rationell nach jeder Richtung und erhält einen verhältnißmäßig weit höheren Ertrag als die früheren Besitzer mit aller
Noth und Mühe herausschinden konnten. Indeß, er möchte den Ertrag
auch verkaufen, und zwar gut verkaufen, mit möglichst viel Profit verkaufen. Die expropriirten früheren Eigenthümer müssen zwar von ihm
ihren Bedarf an Feldfrüchten entnehmen, allein wenn er ein weiteres
Absatzgebiet hätte, könnte er die Preise höher stellen. Ist eine Eisenbahn in der Nähe, dann ist geholfen, er schafft seine Erträgnisse fort
nach der nächsten Stadt, den großen Centren der Industrie und des
Handels, oder gar nach fremden Ländern. Billiger wird dadurch der
Preis der Bodenprodukte für die eigene heimathliche Bevölkerung natürlich nicht. Hat er und seine Mitgenossen keine Bahn, die ihre Produkte fortschafft und ihnen sie höher verwerthen hilft, ist kein Unternehmer oder ein Konsortium derselben dazu bereit, eine solche zu bauen,
weil sie zu wenig rentirt, dann wendet er sich mit seinen Kumpanen
an den Staat. Die Wichtigkeit der Gegend für Handel und Verkehr
wird in den rosigsten Farben geschildert, darauf hingewiesen, daß man
da und dort auch schon eine Bahn aus Staaatsmitteln gebaut, sie ren-
tire zwar nicht, aber was dem Einen recht ist, ist dem Andern billig.
Der Minister überlegt sich, daß er die Bahn aus seinen Mitteln ja nicht
baue, daß es aber für die Regierung, d. h. für ihn von Nutzen sei,
die Stimme des Abgeordneten in dem betreffenden Kreise, der vielleicht
gar der oben geschilderte Grundbesitzer selbst ist, zu bekommen; daß
bei der schwankenden Majorität in der Kammer dies aber für ihn
wichtig sei. Gedacht, gethan! Das Projekt wird entworfen und der
Kammer vorgelegt. Einzelne, namentlich die Vertreter der schon auf

Sind aber unsere kleinen Bauern und Tagelöhner durch dieselben Ursachen wie der industrielle Proletarier in ihre heutige Lage gekommen, dann ergiebt sich von selbst, daß auch der Weg zur Hebung ihrer Lage derselbe sein muß. Ich habe schon bei Behandlung der Lage der industriellen Arbeiter angedeutet, wie der Staat mit seinen Domänen und den ihm durch Konfiskation oder Expropriation etwa zufallenden Fideikommissen, Kirchengütern, Schatullgütern u. s. w. in der Lage sei, die bäuerliche Assoziation (Agrikulturgenossenschaft) für Bebauung des Grund und Bodens einzurichten. Diese hätten natürlich in derselben Weise wie der heutige große Grundbesitz mit Maschinen 2c. den Boden zu bearbeiten und den Ertrag unter sich zu theilen nach Maßgabe der Leistung. Weiter müßte der Staat gesetzlich die Zusammenschlagung der kleinen Güter und deren gemeinsame Bebauung anordnen. Die Großgrundbesitzer würden entweder durch Entziehung der Arbeitskräfte in Folge der angedeuteten Maßregeln ganz von selbst genöthigt werden, ihre Güter an den Staat zu gesellschaftlicher Bewirthschaftung abzutreten, oder der Staat müßte dieselben expropriiren (des Eigenthums entledigen). Das Recht der Expropriation hat sich auch der heutige Staat gewahrt. Gilt es eine Chaussee, eine Eisenbahn anzulegen, dann hat er das Recht, gegen den Willen des Besitzers das betreffende Grundstück nach Abschätzung seines Werthes und Auszahlung desselben, zu expropriiren. Der heutige Staat thut dies im „Interesse der Gesammtheit", wie er sagt, oft genug geschieht es indeß im „Interesse weniger Besitzenden". Die Expropriation durch den Volksstaat geschähe aber zweifellos im Interesse und mit Zustimmung der ungeheuren Volksmehrheit, hätte also ihre volle Berechtigung in sich.

Es unterliegt keinem Zweifel, daß die hier angeführten Maßregeln die einzig möglichen für die Hebung der Nothlage der bäuerlichen Bevölkerung sind. Sie sind zugleich, weil auf weit einfacheren Verhältnissen beruhend, leichter durchzuführen, als die genossenschaftliche Organisation des industriellen Theils der Gesellschaft. Ueber die Organisation dieser ländlichen Genossenschaften, ob dieselben nach Gemeinden organisirt oder innerhalb der einzelnen Gemeinden in mehrere Genossenschaften zu theilen wären, über Größe des Grundbesitzes und so weiter hätte die Gesetzgebung zu bestimmen. Die für eine solche Organisation nothwendige Fachbildung hätte hier eben so gut wie bei den industriellen Organisationen der Staat in entsprechenden Lehranstalten, die allen Betheiligten zugänglich sein müssen, zu gewähren.

Was hat denn nun der so arg angefochtene Baseler Kongreß in dieser Frage beschlossen?

„Der Kongreß erklärt, daß die Gesellschaft das Recht besitzt, das Privateigenthum an Grund und Boden abzuschaffen und in gemeinsames Eigenthum umzuwandeln;

„Er erklärt ferner, daß diese Umwandlung eine Nothwendigkeit ist".

Dieser Beschluß hat große Sensation erregt, Viele erschreckt. Sehr erklärlich. Einen Beschluß über eine Frage fassen, die bisher für weitere Kreise noch gar nicht erörtert wurde, als eine „brennende" Frage für manche Länder nicht einmal gelten kann, und diesen Beschluß in schroffer Form ohne alle und jede Motivirung in die Welt hinaussenden, mußte diese Wirkung haben.

Hätte der Kongreß, statt des citirten Wortlauts, den Antrag des Generalraths, wie er von Eccarius gestellt wurde, der einfachen Bestätigung des Brüsseler Beschlusses verlangte, angenommen: die Beschlußfassung wäre mit größerer Seelenruhe hingenommen worden. Die Menschen sind einmal so; giebt man ihnen die in ihren vorurtheilsvollen Augen schlimmste Sache in angenehmer Form zum Besten, sie verziehen höchstens die Miene, würgen aber im Uebrigen den Bissen hinunter. Giebt man ihnen aber die Speise grobkörnig zugerichtet, versalzen gar mit einer Ohrfeige, dann bäumen sie sich auf und sind entrüstet über das, was man ihnen zumuthet.

Wie lautet nun der Eccarius'sche Antrag?*)

„In Erwägung, daß die Erfordernisse der Produktion und die Anwendung der bekannten Gesetze der Agronomie (Landbaukunde) den Großackerbau erheischen und die Einführung von Maschinenarbeit und die Organisation ländlicher Arbeitskraft nothwendig machen, und daß im Allgemeinen die moderne ökonomische Entwickelung dem Großackerbau zustrebt;

„In Erwägung, daß demgemäß die ländliche (Ackerbau=) Arbeit und das Landeigenthum auf denselben Fuß gesetzt werden muß, wie die Bergwerke (die ein früherer Beschluß für Gemeinde=Eigenthum erklärt);

„In Erwägung, daß die productiven Eigenschaften des Bodens das Urmaterial aller Produkte bilden, die Urquelle aller Produktionsmittel und aller der brauchbaren Dinge, die keine Arbeit erheischen;

„Ist der Kongreß der Meinung, daß die ökonomische Entwickelung der modernen Gesellschaft es zu einer gesellschaftlichen Nothwendigkeit machen wird, das Ackerland in gemeinschaftliches gesellschaftliches Eigenthum zu verwandeln und den Boden von Staatswegen an Ackerbaugesellschaften (Genossenschaften) zu verpachten, unter ähnlichen Bedingungen wie die Bergwerke und Eisenbahnen."

Daß ist der Sache nach genau dasselbe, wie der auf dem Baseler Kongreß angenommene Antrag, er ist nur in der Form anders, sagt warum es so sein soll und wie es sein soll; das leuchtet denn auch den weniger Eingeweihten ein.

Ueber die Art, wie der Beschluß ausgeführt werden soll, hat sich der Kongreß vorläufig nicht ausgesprochen; es liegt aber auf der Hand, daß die Ausführung sich nach den jeweiligen Verhältnissen der einzelnen Länder zu richten hat. In England liegen die Dinge anders als in Frankreich, in Frankreich anders als in Deutschland. In der Sache sind die Dinge überall die gleichen: die Masse, sie leidet in England wie in Frankreich, in Belgien wie in Deutschland Noth. Die Formen durch welche die Noth drückt, sind nach dem specifischen, historischen Entwicklungsgange der einzelnen Länder verschieden, um diesen verschiedenen bestehenden Formen gemäß hat auch die Form der Aenderung sich anzupassen. Eine Expropriation der gesammten Grundeigenthümer in England mit einem Federzug würde mit verhältnißmäßiger Leichtigkeit gegenüber einem ähnlichen Vorgehen in Deutschland möglich sein. In England bestehen, durch einen historischen Entwickelungs=

---

*) Eccarius vertrat den Generalrath in London auf dem Kongreß.

gang, den hier weiter auszuführen mich zu weit führen würde, nicht viel über 35,000 Grundeigenthümer. 35,000 Besitzer, die Familie zu 4 Köpfen berechnet, — 140,000 Menschen sind es, die den Grund und Boden eines Landes im Besitz haben und dessen Ertrag genießen, auf dem 30 Millionen Menschen leben. Das Land ist bewirthschaftet mit den vervollkommnetsten Einrichtungen durch große Pächter, die eine leidliche Mittelstufe einnehmen; die ganze bäuerliche Bevölkerung befindet sich in der grauenhaftesten Lage.

Gewaltthätigkeiten und Verbrechen, wie sie die englische Geschichte — ich erinnere an die Behandlung von Irland, an die gewaltthätige Ausbeutung der Kolonien — vielfach aufweist, haben die ländliche Bevölkerung auf eine entsetzliche Stufe moralischer und physischer Verkommenheit gebracht. Eine gewaltsame Expropriation dieser Landlords wäre eine Sühne für die Menschheit, ein Akt, der sich zwar an Umfang dem der französischen Revolution von 1789 nicht an die Seite stellen könnte, an innerer Berechtigung ihm mindestens gleich stände.

Anders als in England liegen die Dinge in Frankreich. In Frankreich hat die durch die Revolution von 1789 an die Herrschaft gelangte Bourgeoisie das Expropriationsgeschäft an adeligen und geistlichen Gütern im großartigsten Maßstab ins Werk gesetzt. Der gesammte Grund und Boden wurde theils gratis, theils zu wahren Schleuderpreisen an die Bauern, die früheren Leibeigenen und Hörigen des Adels und der Geistlichkeit, vertheilt. Durch die Gesetzgebung wurde zugleich die Assimilirung (Zusammenlegung) größerer Grundbesitze verhütet. Die Herrschaft des Feudaladels und der Geistlichkeit hatte der Bourgeoisie einen so heilsamen Schrecken und Abscheu eingeflößt, daß sie die Wiederkehr ähnlicher Zustände auf jede Art zu verhindern suchte. Während in England also eine sehr kleine Zahl von Großgrundbesitzern herrscht, giebt es in Frankreich umgekehrt eine sehr große Zahl kleiner Eigenthümer. Diese leiden aber in ihrer Vereinzelung wesentlich an demselben Gebrechen, wie der kleine Bauer bei uns. In welcher Lage sich der Bauernstand in Frankreich befindet, das wird am besten bewiesen durch den Ausspruch einer offiziellen Person, den ich der Schrift von Freund Eccarius „Eines Arbeiters Widerlegung der national-ökonomischen Lehren John Stuart Mill's" entnehme. Herr de Beance sagte 1866 in der französischen Deputirtenkammer: „Nach dem Census von 1851 betrugen die Hypothekenschulden, welche auf dem Grundbesitz lasteten, zehntausend Millionen Francs. Die Sache hat sich seitdem bedeutend verschlimmert, aber alle Versuche, die Regierung zu bewegen, die Berichte von 1861 zu veröffentlichen, sind bisher gescheitert. Viele, die ihre Güter gern verkaufen möchten, können keine Käufer finden. Werden dagegen größere Güter, hauptsächlich in der Nachbarschaft von Städten, in kleine Stückchen vertheilt, so wird jedes zu einem hohen Preise verkauft. Um einen kleinen Streifen Land zu kaufen, borgen die Leute häufig doppelt so viel, als sie selbst besitzen, in der Absicht, die Schuld nach und nach abzuzahlen. Diese Verkäufe führen zu neuen Hypotheken. Von den 7,846,000 Grundbesitzern in Frankreich, ist nicht weniger als 3,600,000 von den Gemeinderäthen attestirt worden, daß sie sich in einem solchen Zustande der Dürftigkeit befinden, daß sie keine persönlichen Steuern bezahlen können." Diese

Zahlen sprechen Bände. — Lassalle giebt an, daß nach einer statistischen Aufstellung (1861) in Frankreich 346000 ländliche Wohnungen gar keine Fenster, sondern nur eine Thür hatten; 1,817,838 ländliche Wohnungen nur ein Fenster und eine Thür hatten. Das sind 2,163,828 Wohnungen mit circa 10 Millionen Menschen, die sich im höchsten Elend befinden. Und doch ist Frankreich uns um 50 Jahre in der „Freiheit der Arbeit" voraus, steigt ja auch dort der „Nationalreichthum" von Jahr zu Jahr!

Die Lösung der Frage in Frankreich müßte also ganz ähnlich wie in Deutschland, wo wir weder das englische noch französische Grundbesitzsystem, sondern ein gemischtes System haben, in Angriff genommen werden.

Die französischen Deputirten enthielten sich in Basel der Abstimmung aus zwei Gründen. Erstens war ein Theil nicht dem Gesellschaftseigenthum, sondern dem Individualismus, wie ihn Proudhon gelehrt, der allen Besitz, beweglichen und unbeweglichen, zerschlagen und Einzelexistenzen zugewiesen haben will, zugeneigt; andern Theils fürchteten die Franzosen, die Bauern durch diesen Beschluß zu erschrecken und sie in das reaktionäre Fahrwasser zu treiben, was bei einer bevorstehenden revolutionären Bewegung in Frankreich von sehr nachtheiligem Einfluß sein könnte.

Und dieser letztere Umstand ist es auch, der die Frage für Deutschland vorsichtig anzufassen erheischt. Der Bauer ist in seinen Ansichten sehr befangen, in seinen Eigenthumsbegriffen verbohrt. Abgeschlossen vom großen regen Verkehr, in seiner Vereinzelung dahinlebend, treten neue Ideen selten an ihn heran, zugänglich ist er ihnen noch weit schwerer. Wenig lesend und jedenfalls nicht das, was er sollte, ohne lebendigen Ideenaustausch, der nur durch dichtes Zusammenleben befördert wird, dabei durch den früher auf ihm lastenden Druck mißtrauisch gemacht, ist er ganz der Mensch, der mit Leichtigkeit gegen eine Idee, wie die oben ausgeführte, feindselig fanatisirt werden könnte. Eine genossenschaftliche Bebauung des Grund und Bodens ist unsern Bauern ein böhmisches Dorf. Unter solchen Umständen zu operiren, ist allerdings keine leichte Sache. Und doch ist es nothwendig, soll der Bauernstand nicht von einer vom industriellen Proletariat ausgehenden Bewegung überrascht, kopfscheu und dadurch zu ihrem Gegner aufgestachelt werden, — daß er auch in die Bewegung hineingezogen, daß auch ihm nicht bloß eine neue Idee (denn für die allein erwärmt er sich nicht), sondern auch sein eigenes Interesse klar gemacht, und aus einem Gegner ein Bundesgenosse gewonnen wird. Ueber das „Wie"? läßt sich streiten und viel sprechen, und es wird gut sein, wenn Jeder, der den Weg zu haben denkt, ihn vorschlägt.

Nothwendig ist, daß wir, die industrielle Arbeiterklasse, uns zunächst vollständig klar werden über die Agrikulturfrage. Sind wir dies, dann müssen wir, so oft wir Gelegenheit haben, in Versammlungen bäuerliche Elemente zu sehen, zu diesen über ihre eigenen Verhältnisse sprechen. Die Städte müssen die Agitation hinaustragen in die nächsten Dörfer und so den Anfang machen.

Doch ich komme von der eigentlichen Sache ab. Ich wollte nur die Stellung, die wir meines Erachtens zu den Agrikulturarbeiten ein-

nehmen müssen, darlegen. Ich habe dies, glaube ich, hinlänglich ge=
than. In der Sache haben wir mit den Baseler Beschlüssen, in ein=
facher Konsequenz unserer Stellung in der Frage der Besserstellung des
industriellen Proletariats uns **einverstanden zu erklären. Die Form
hat eine andere, unseren Verhältnissen angepaßt zu sein.**
„Da haben wir ja die Bescheerung!" höre ich die „Demokratische
Korrespondenz" rufen; da „kommt der „kommunistische" Pferdefuß zum
Vorschein. Vor ein paar Monaten nimmt man in Eisenach ein Pro=
gramm an und jetzt tritt man es mit Füßen." Gemach! gemach!
Wie lautet denn das Eisenacher Programm? Das ganze abzu=
drucken ist nicht nöthig. Im Punkt II Alinea 3 heißt es:
„**Die ökonomische Abhängigkeit des Arbeiters von
dem Kapitalisten bildet die Grundlage der Knechtschaft
in jeder Form und es erstrebt deshalb die sozial=demo=
kratische Partei unter Abschaffung der jetzigen Pro=
duktionsweise (Lohnsystem) durch genossenschaftliche Ar=
beit den vollen Arbeitsertrag für jeden Arbeiter."**
Das ist genau das, was ich oben durchgeführt. Kann mir Je=
mand einen andern Weg, ein anderes Mittel für die Befreiung des
Arbeiters in seiner ökonomischen Abhängigkeit vom Kapitalisten ange=
ben? heraus damit! Ich bin begierig, es zu hören. Weiß Jemand
in anderer Form „den vollen Arbeitsertrag für jeden Arbeiter" zu er=
zielen? er trete auf; wir werden seine Vorschläge mit Spannung anhö=
ren und sie prüfen.
Kommt aber die „Demokratische Korrespondenz" und sagt, das
Eisenacher Programm sei also ihr unbewußt ein „kommunistisches",
das habe man zum Glück noch nicht anerkannt; dann antworte ich,
daß Satz 3 des Eisenacher Programms conform ist dem § 2 des Nürn=
berger Programms*), welcher lautet:

---

*) Zur Erläuterung dieser und der vorhergehenden Sätze sei für
die minder Eingeweihten Folgendes bemerkt: Am 5., 6. und 7. Sep=
tember 1868 hielt der Verband der deutschen Arbeitervereine, dessen
Vorsitzender ich damals war, seinen Vereinstag ab in Nürnberg. Der
Vorort Leipzig beantragte die Annahme eines Programms, um die
Stellung der Vereine deutlicher zu kennzeichnen, und schlug als solches
4 Punkte vor, welche fast wörtlich dem Programm der Internationa=
len Arbeiterassoziation entnommen waren. Es kam zu einem lebhaf=
ten Kampf zwischen der sozial=demokratischen und der fortschrittlichen
Richtung, bei welchem die erstere siegte und die letztere aus dem Ver=
band ausschied. Sie konstituirte sich später unter dem Namen „Deut=
scher Arbeiterbund". Die deutsche Volkspartei, welche 8 Tage nach dem
Nürnberger Vereinstag in Stuttgart einen Kongreß hatte, zollte die=
sen Vorgehen unsererseits lebhaften Beifall nnd erklärte ihren „Anschluß"
an das Programm. Als dreiviertel Jahre später der Eisenacher Kon=
greß stattfand, durch den die sozial=demokratische Arbeiterpartei sich kon=
stituirte und der Verband der deutschen Arbeitervereine einstimmig seine
Auflösung und seinen Eintritt in die Partei beschloß, war der größere
Theil der deutschen Volkspartei davon sehr wenig erbaut. Die Base=
ler Beschlüsse über die Grund= und Bodenfrage stießen vollends dem

„Die ökonomische Abhängigkeit des Mannes der Arbeit von dem Monopolisten (dem ausschließlichen Besitzer) der Arbeitswerkzeuge bildet die Grundlage der Knechtschaft in jeder Form, des sozialen Elends, der geistigen Herabwürdigung und der politischen Abhängigkeit."

Hier ist also klar und scharf ausgesprochen, daß der ausschließliche Besitz der Arbeitsinstrumente in den Händen Einzelner aufhören müsse, wenn der Arbeiter frei werden soll. Ob diese Arbeitsinstrumente in Maschinen und Werkzeugen und sonstigem Material, oder in Grund und Boden bestehen, ist gleich.

Der Wortlaut des Punkt II Alinea 3 des Eisenacher Programms und der Sinn des § 2 II des Nürnberger Programms stimmen also genau überein.

Zwei Wege giebt es nur, unser Ziel zu erreichen. Der eine ist: nach Herstellung des demokratischen Staates die allmälige Verdrängung der Privatunternehmer durch die Gesetzgebung. Dieser Weg würde eingeschlagen werden, wenn die betheiligten Kreise, gegen welche die sozialistische Bewegung gerichtet ist, bei Zeiten zur Einsicht gelangten und auf dem Wege des Kompromisses ihren Untergang als exploitirende Klasse und ihren Uebergang als Gleiche in die Gesammtheit zu bewerkstelligen suchten. Der andere entschieden kürzere, aber auch gewaltthätigere Weg wäre die gewaltsame Expropriation, die Beseitigung der Privatunternehmer mit Einem Schlage, einerlei durch welche Mittel. Darnach hängt also der Ausgang der Krise von der Kapitalistenklasse selbst ab, der Charakter der Krise wird bestimmt durch die Art, wie sie die in ihren Händen befindlichen Machtmittel anwendet. Läßt sie es auf die physische Gewalt ankommen — auf wessen Seite bei diesem Messen der physischen Kräfte endlich der Sieg fallen wird, darüber ist kein Zweifel. Die Masse ist auf der Seite des arbeitenden Volkes, das sittliche Recht auch. Nur die nöthige Einsicht in die Masse gebracht und der Kampf ist entschieden.

Man entsetze sich nur nicht über diese mögliche Anwendung der Gewalt, zetere nicht über Unterdrückung berechtigter Existenzen, gewaltsame Expropriation und dergleichen! Die Geschichte lehrt, daß zu allen Zeiten die neuen Ideen in der Regel erst durch gewaltsamen Kampf ihrer Vertreter mit den Vertretern der Vergangenheit zur Geltung gelangten und daß dann die Kämpfer für die neuen Ideen die Vertreter der Vergangenheit so tödtlich als möglich zu treffen suchten. Ich erinnere wiederholt an 1789, bis zu einem gewissen Grad an 1830 be-

---

faß den Boden aus, die Freundschaft wurde gekündigt. Die Trennung war eine natürliche und für beide Theile nothwendige. Die Volkspartei stimmte zwar mit dem politischen Programm und Vorgehen unserer Partei bis zu einem gewissen Grad überein, aber nicht mit dem sozialen; in letzterem lag für uns der Schwerpunkt, ein Zusammengehen war also auf die Dauer unmöglich.

Die „Demokratische Korrespondenz", unter der Redaktion von Julius Freese, bekämpfte damals unsere Partei auf das Entschiedenste, ein Jahr später war Freese Redakteur des „Oestreichischen Journals", Organ des Ministers Grafen Hohenwart in Wien; er wußte also, warum er uns bekämpfte.

züglich Frankreichs; an 1848 für Deutschland, wo das Bürgerthum den Kampf ebenfalls aufnahm, aber durch den Mangel an revolutionärer Energie am deutlichsten seine geistige Impotenz (Ohnmacht) als Klasse darthat, auf halbem Wege stehen blieb und durch das Schiboleth des Konstitutionalismus mit den Resten des Feudalismus und dem Königthum Frieden schloß. Wären die Arbeiter damals in ihrer Zahl die von heute gewesen, der politische Kampf wäre entschieden, für den sozialen wäre die Bahn frei.

So sehen wir also in den verschiedenen Geschichtsperioden, wie die Gewalt ihre Rolle spielt, und nicht mit Unrecht ruft da wohl Karl Marx aus, in seinem Buch „Das Kapital", wo er den Entwicklungsgang der kapitalistischen Produktion schildert. „Die Gewalt ist der Geburtshelfer jeder alten Gesellschaft, die mit einer neuen schwanger geht. Sie ist selbst eine ökonomische Potenz".

Ich empfehle der „Demokratischen Korrespondenz" das eben angezogene Werk zum Studium, nicht minder empfehle ich ihr die Schriften desselben Verfassers, als: „Zur Kritik der politischen Oekonomie", erschienen bei F. Dunker in Berlin 1859, „Der 18. Brumaire des Louis Napoeon Bonaparte" erschienen 1852, 2. Auflage 1870; ferner „Die Lage der arbeitenden Klassen in England" von Friedrich Engels, Leipzig 1844, die bereits zitirte Schrift von Eccarius und die Schriften des so viel verketzerten Lassalle, dem ich einstmals auch bitter Unrecht gethan.

Die „Demokratische Korrespondenz" hat selber eingestanden, daß sie die Frage nicht verstehe; nun, sie weiß aus eigner Erfahrung auf andern Gebieten, daß man weit besser über eine Sache urtheilen kann, wenn man sie kennt. Die oben zitirten Schriften liefern dafür das beste Material, noch mehr Quellen finden sich in denselben angezogen. — Ich bin zu Ende.

Eins aber drängt sich nach dieser Polemik mir unwillkürlich auf, das ich nicht verschweigen kann. Wenn ein Blatt, wie die „Demokratische Korrespondenz", das in gewissem Sinne als leitendes Blatt der Volkspartei dasteht, aus dem viele Parteigenossen erst ihr sozialpolitisches Wissen schöpfen, sein Nicht-Wissen in einer Frage offen bekennt, welche die brennendste Frage der Welt ist: wie muß es da um das Wissen und Urtheil der Masse der Parteimitglieder bestellt sein?*) Ja, es sind Viele, die Herr! Herr! sagen, aber nicht wissen, was sie wollen.

---

*) Daß neun Zehntel unserer Zeitungsredakteure, welche Tag für Tag den Sozialismus mit ehrlichen und unehrlichen Mitteln bekämpfen, nie eine sozialistische Schrift angesehen, geschweige gelesen haben, ist eine Thatsache; wie wäre sonst der bodenlose Unsinn möglich, den man über die Bestrebungen der Sozial-Demokratie schreibt?

Aus dem Kongreß der sozial-demokratischen Arbeiter-Partei zu Stuttgart.

Oeffentliche Sitzung am 6. Juni 1870, Nachmittags.

Bebel (Leipzig) als Referent zur Grund- und Bodenfrage: Meine Herren! Nicht mit Unrecht hat man den Baseler Beschlüssen gegenüber die Behauptung aufgestellt, daß die Grund- und Bodenfrage in den zunächst betheiligten Kreisen noch nicht zur Discussion gelangt sei; es ist dies in der Unbildung der ländlichen Bevölkerung begründet. Will man hieraus aber folgern, daß darum diese Frage noch nicht zur Erörterung reif sei, so begeht man einen schweren Irrthum. Je eher eine solche Frage ventilirt und discutirt wird, desto eher verbreitet sich Klarheit darüber in alle Kreise, besonders in die zunächst betheiligten. Auch die industriellen Arbeiter sind noch nicht lange mit der Erörterung ihrer Klassenlage beschäftigt, sie ist ihnen aufgedrängt worden durch die Wissenschaft, und die Wissenschaft hat sich auch bereits über die Grund- und Bodenfrage ausgesprochen. — Wir haben nicht nur das Recht, sie zu erörtern, wir haben auch die Pflicht. In der Zeit der Aktion ist es zu spät zu theoretischen Diskussionen, der Plan des Zukunftstaates muß in allen Theilen bereits vor der Aktion durchgearbeitet und fertig sein. Die Angriffe, welche auf die Baseler Beschlüsse geschahen, sind hauptsächlichst aus dem Lager der Volkspartei gekommen, die da fürchtete, ihren bäuerlichen Anhang zu verlieren, und darum bestrebt war, jene vorgeschlagene Lösung der Grund- und Bodenfrage der ländlichen Bevölkerung im ungünstigsten Lichte erscheinen zu lassen. Wir haben das gegentheilige Interesse; für uns gilt es, auch die ländlichen Arbeiter in das sozialistische Lager herüberzuziehen, und es wird uns das am Leichtesten gelingen, wenn wir im Stande sind, ihnen hier persönliche Vortheile zu bieten. — Wie alle politischen und gesellschaftlichen Fragen, so ist auch die Grund- und Bodenfrage eine Interessenfrage, und zwar zunächst für die ländlichen Arbeiter. Es gilt nun zu zeigen und zu beweisen, daß unsere Ansicht über diese Frage den Bedürfnissen der Einzelnen sowohl wie der Gesammtheit vollkommen Rechnung trägt.

Man hat uns von gewisser Seite für unfähig erklären wollen, ein Urtheil in dieser Angelegenheit zu fällen. Es fehlen uns, so hieß es, die hierzu nöthigen agronomischen Kenntnisse und das historische Material. Man geht von der Ansicht aus, daß, wenn das Gelehrtenthum sich nicht möglichst einstimmig über eine Frage ausgesprochen, es Seitens der Arbeiter Anmaßung sei, über diese Frage zu diskutiren. Für Leute dieses Schlags ist das offizielle, vom Staate bezahlte Professorenthum maßgebend; was aber unabhängige Gelehrte zu Tage gefördert, gilt nicht, namentlich wenn es der Tagesmeinung zuwiderläuft. Nun, die unabhängige Wissenschaft hat ihr Urtheil über die vorliegende Frage gefällt; Sache der Arbeiter ist es, das Resultat dem allgemeinen Bewußtsein zugänglich zu machen.

Auch behauptet man, unsere Bestrebungen seien kulturfeindlich; ihre Ausführung bedinge den Rückschritt in die Barbarei. Die klugen Leute, die so reden, sollten bedenken, daß kulturfeindliche Bestrebungen auf die Dauer sich nicht halten können, sondern bald in ihr Nichts zerfallen, und daß die Anerkennung der Möglichkeit eines Rückfalls in die Barbarei zugeben heißt, daß unsere ganze Kultur auf sehr schwachen Füßen steht. Allerdings wollen wir einen Zustand herbeiführen, der prinzipiell mit den agrarischen Zuständen einer längst vergangenen Zeit einige Aehnlichkeit hat; wir erstreben, was wir bei der ersten Gesellschaftsformation allerdings auch finden: die Herstellung des Gesellschaftseigenthums an Grund und Boden, aber veredelt durch die Fortschritte einer tausendjährigen Erfahrung und Kultur. Deshalb unser Bestreben zu bekämpfen, weil in einer weit hinter uns liegenden Zeit in patriarchalischer Weise der Grund und Boden als Gesammteigenthum angesehen wurde, auf dessen Privatbesitz Niemand ein Anrecht hatte, würde bedingen, daß wir auch auf politischem Gebiet Forderungen verwerfen, die bei der Staatenbildung fast aller Länder vorhanden waren. Allgemeine Volksbewaffnung, gleiches Wahlrecht, direkte Gesetzgebung und Rechtsprechung durch das Volk besaßen unsere Urväter in vollstem Umfange. Sie sind uns im Laufe der Zeit genommen worden, heute aber kämpfen wir selbstbewußter denn je für ihre Wiedererlanguug, und Viele mit uns, die auf sozialem Gebiet gegen uns sind. Ich habe nie gehört, daß der Kampf für diese politischen Rechte ein kulturfeindlicher sei, einen Rückfall in die Barbarei bedinge. Was von den politischen Rechten gilt, gilt auch von den sozialen; beide lassen sich nicht trennen, sie bedingen und ergänzen sich gegenseitig. Die politische Rechtsgleichheit hörte auf, als die soziale Ungleichheit begann. In dem Augenblick, wo an Stelle der alten, kommunistisch nach Familien und Stämmen gegliederten Gesellschaft der antike Staat kam, wo Herr und Sklave sich gegenüber standen, war es mit der sozialen Gleichheit aus. Die Unterdrückung und Ausbeutung der Majorität durch die Minorität begann. Der Grund und Boden wurde Eigenthum der Herren, das Volk war um sein Eigenthum betrogen.

Dem antiken Staat folgte der Feudalstaat mit seinen Lehenseinrichtungen und der Leibeigenschaft, später Hörigkeit des Landvolkes. Adel und Geistlichkeit konnten alle staatliche Macht an sich reißen, weil sie die materielle Macht, das Instrument, das alle Werthe fast ausschließlich erzeugte, den Grund und Boden, in ihren Händen hatten. Allmählich entwickelte sich im Feudalstaat die kleinbürgerliche Produktion, die am Ende des Mittelalters in die Großproduktion überzugehen anfing. Das Wachsthum der Bevölkerung, die Ausdehnung und stetige Neubildung der Städte, die Entwickelung des Handels und die mit alledem Hand in Hand gehende Vermehrung des beweglichen Eigenthums übten einen eminenten Einfluß auf die Bodenbesitz- und die Bodenbebauungsverhältnisse aus. Die sich vermehrende Bevölkerung erheischte größere Quantitäten von Nahrungsmitteln, die durch Urbarmachung größerer Bodenflächen oder die intensivere Bebauung der bereits vorhandenen beschafft werden mußten. Die Viehzucht wurde gleichzeitig ein gewinnbringender Faktor, es galt also, neben dem Ackerland möglichst viel Weideland zu besitzen; daß eine sorgfältige Waldkultur ebenfalls nothwendig und für beides von entscheidendem Einfluß ist, liegt auf der Hand. Es stellt sich somit die Nothwendigkeit heraus, entsprechend der Entwicklung der Industrie, auch die Bodenbewirthschaftung im Großen zu betreiben.

Zweckmäßige Abwechslung in der Bebauung des Bodens, gründliche Bearbeitung des Ackerlandes und rationelle Düngereinrichtung sind drei Faktoren, welche die Ackerwirthschaft, um recht ergiebig zu werden, braucht. Diese lassen sich aber nur durch bedeutendes Kapital und bei großer Bodenfläche durchführen, daher der Drang in der gegenwärtigen Entwicklungsperiode der Agrikultur nach K o n z e n t r a t i o n des Grund und Bodens. — Redner beleuchtet nun die Agrikulturzustände in den am weitest entwickelten Staaten Europa's. E n g l a n d sei das klassische Land des großen Feudalbesitzes. Die englischen Landlords haben es verstanden, ihre mittelalterliche Allgewalt in die moderne Zeit herüberzuretten. Indem sie gezwungen waren, die politische Macht mit der Bourgeoisie zu theilen, begriffen sie, daß die Aufrechthalung ihrer sozialen Macht nur möglich sei, wenn sie die moderne Produktionsform der Bourgeoisie für die Agrikultur sich aneigneten. Der in der heutigen Produktionsweise liegende Trieb nach Konzentration habe auch die Zahl der Landlords immer mehr vermindert. Redner beweist dies durch statistische Belege. Mit der geringeren Zahl der Besitzer, der steigenden Zahl der eingeführten Maschinen und verbesserten Einrichtungen, habe auch die Zahl der im Ackerbau beschäftigten Personen abgenommen. Die Viehzucht sei gestiegen und demgemäß die Zahl der Hirten gewachsen, aber auch die Ertragsfähigkeit des Ackers gestiegen, was Redner durch Vergleiche mit den Erträgnissen des französischen Ackerlandes beweist. Das unverhältnißmäßige Wachsthum des Reichthums der Besitzer habe das tiefste Massenelend der Ackerbaubevölkerung zur Folge.

Anders als in England entwickelten sich die Agrarzustände in Frankreich. Das Besitzthum des Feudaladels und der Geistlichkeit an Grund und Boden wurde durch die französische Revolution beseitigt. Ihr Besitzthum wurde Staatseigenthum und durch den Staat an die früheren leibeigenen Bauern in verschiedener Form abgetreten und damit die Existenz einer großen Zahl kleiner Bauern möglich gemacht. Die Entwicklung der bäuerlichen Verhältnisse habe aber gezeigt, daß das Parzelleneigenthum in der Zeit der Dampfmaschine ein überwundner Standpunkt sei. Die Unmöglichkeit, auf der Parzelle die von der Agronomie bedingte rationelle Bewirthschaftung des Bodens einzuführen, der Mangel an Kapital, die Unmöglichkeit, Maschinen und verbesserte Einrichtungen auszunutzen, die Vererbung und damit Zersplitterung des Ackerlandes habe das größte Elend der französischen Parzellenbauern zur Folge gehabt. Redner läßt hier abermals eine Reihe offizieller statistischer Belege folgen, die diese Auffassung bestätigen. Deutschland habe weder ausschließlich englische noch französische Agrarzustände, beide seien vielmehr vertreten. Neben großen ritterschaftlichem und bäuerlichem Grundbesitz gebe es eine Masse kleiner und mittlerer Bauern. Die namentlich seit und in Folge der Reformation in Deutschland entstandenen eigenthümlichen politischen Zustände hatten auch eine ganz andere Zersetzung der alten feudalen Besitzverhältnisse zur Folge. Ein zahlreiches Fürstenthum und ein noch zahlreicherer Adel hemmten den wirthschaftlichen Zersetzungsprozeß, daher kommt es, daß wir in Deutschland neben modernst entwickelten Zuständen alte Feudalzustände blühen sehen. Die rasche Entwicklung der modernen Industrie in den letzten Jahrzehnten habe aber auch auf die Grund- und Bodenverhältnisse eingewirkt,

4

die Lage eines großen Theils des kleinen Bauernstandes sei um kein Haar besser, als die ihrer Kollegen in Frankreich; die zahlreichen Tagelöhnerfamilien in Deutschland kaum besser daran als ihre Leidensgefährten in England. Zur Bestätigung dieses theilt Redner abermals eine Reihe statistischer Erhebungen mit. Es unterliege keinem Zweifel, daß die Steigerung der mißlichen Lage der niederen bäuerlichen Bevölkerung und die allmähliche Vernichtung des mittleren Bauernstandes die nothwendige Folge der weiteren Entwicklung unserer ökonomischen Verhältnisse sein werde. Der Klassengegensatz zwischen Besitzenden und Nichtbesitzenden in der Industrie entwickele sich auch in der Agrikultur, es entstehe also die Frage, wie diesem abzuhelfen sei. Für die Industrie schlage man die gesellschaftliche Arbeit in der Form von großen Produktivgenossenschaften vor, dasselbe müsse in der Agrikultur durchgeführt werden. Der Wege hierzu gebe es verschiedene, auf die er sich hier nicht weiter einlassen wolle; er schlage folgende Resolution vor:

„In Erwägung, daß die Erfordernisse der Produktion, wie die Anwendung der Gesetze der Agronomie — wissenschaftlichen Bewirthschaftung des Bodens — den Großbetrieb beim Ackerbau erheischen, und ähnlich wie in der modernen Industrie, die Einführung von Maschinen und die Organisation der ländlichen Arbeitskraft nothwendig machen, und daß im Allgemeinen die moderne ökonomische Entwicklung den Großbetrieb im Ackerbau erstrebt; — in Erwägung, daß demgemäß bei dem Ackerbau wie bei der Großindustrie die allmähliche Verdrängung der kleinen und mittleren Eigenthümer durch die Großbesitzer vor sich geht, das Elend und das Abhängigkeitsverhältniß der weitaus größten Mehrzahl der Ackerbaubevölkerung zu Gunsten einer kleinen Minorität stetig zunimmt und dies den Gesetzen der Humanität und Gerechtigkeit zuwiderläuft; — in Erwägung, daß die produktiven Eigenschaften des Bodens, die keine Arbeit erheischen, das Material aller Produkte und aller brauchbaren Dinge bilden: spricht der Kongreß die Ansicht aus, daß die ökonomische Entwicklung der modernen Gesellschaft es zu einer gesellschaftlichen Nothwendigkeit machen wird, das Ackerland in gemeinschaftliches Eigenthum zu verwandeln und den Boden von Staatswegen an Ackerbaugenossenschaften zu verpachten, welche verpflichtet sind, das Land in wissenschaftlicher Weise auszubeuten und den Ertrag der Arbeit nach kontraktlich geregelter Uebereinkunft unter die Genossenschafter zu vertheilen. Um die vernünftige und wissenschaftliche Ausbeutung des Grund und Bodens zu ermöglichen, hat der Staat die Pflicht, durch Errichtung entsprechender Bildungsanstalten die nöthigen Kenntnisse unter der ackerbautreibenden Bevölkerung zu verbreiten. Als Uebergangsstadium von der Privatbewirthschaftung des Ackerlandes zur genossenschaftlichen Bewirthschaftung fordert der Kongreß mit den Staatsdomänen, Chatullengütern, Fideikomissen, Kirchengütern, Gemeindeländereien, Bergwerken, Eisenbahnen c. zu beginnen, und erklärt sich deshalb gegen jede Verwandlung des oben angeführten Staats- und Gemeindebesitzes in Privatbesitz."

Im Verlage der **Buchhandlung und Expedition des „Volksstaat"** ist erschienen, resp. von ihr zu beziehen:

	Rt. Gr. Pf.
F. Engels, Der deutsche Bauernkrieg	— 5 —
F. A. Lange, Die Arbeiterfrage	— 25 —
Most, Betrachtungen über den Normalarbeitstag	— — 5
„ Mahnruf an die landwirthschftl. Bevölkerung	— — 6
Dietzgen, Religion der Sozial-Demokratie, 1. 2. 3.	— 1 5
E. Hirsch, Normalarbeitstag	— 1 5
„ Der Staat und das Genossenschaftswesen	— — 5
A. Bebel, Unsere Ziele. (III. Auflage)	— 2 5
„ Reichstagsreden 2. Session	— 1 5
„ Rede in der Tonhalle zu Leipzig den 14. Juni 1871 über die Leipziger Commune	— — 5
Anti-Syllabus, (Gedicht.)	— — 5
Erinnerung an die letzten Maitage 1871. (Gedicht)	— — 5
Kapuzinerpredigt des Herrn Harkort (Gedicht)	— — 5
Der Bürgerkrieg in Frankreich, Adresse des Generalraths der Internationalen Arbeiterassoziation	— 2 5
Serno-Solowiewitsch, Unsere russischen Angelegenheiten, übersetzt von S. L. Borkheim	— 2 —
Dr. Walster, Schutz des Arbeiters in den Gewerkschaften	— 1 —
„ Am Webstuhl der Zeit. Soz. Roman. In Lieferungen à	— 2 —
Wohnungsfrage, Eine soziale Skizze	— 2 —
W. Liebknecht, Zu Trutz und Schutz, Festrede, gehalten beim Stiftungsfest des Crimmitschauer Volksvereins am 22. Oktober 1871	— 2 5
„ Was ich im Berliner Reichstag sagte. Enthalten die Reden von 1867 und 1870	— 2 —
„ Die politische Stellung d. Soz.-Demokratie	— 1 5
Leipziger Hochverrathsprozeß. In 8—9 Lieferungen à	— 2 5
H. Scheu, Wiener Hochverrathsprozeß 1870	— 18 —
Der Braunschweiger Ausschuß der soz.-dem. Arbeiterpartei in Lötzen u. vor Gericht 1871.	— 12 5
Castelar's Rede über die Internationale	— 1 5
Statuten der Internationalen Arb.-Assoziation	— 1 —
Protokoll des Eisenacher Kongresses	— 1 5
„ „ Stuttgarter „	— 1 —
„ „ Dresdener „	— 3 —
Protokoll des Gewerkschaftskongresses in Erfurt sammt Statuten	— 1 5
Verhandlungen des IV. Kongresses des internat. Arbeiterbundes in Basel 1869	— 3 5
C. Marx, Zur Kritik der politischen Oekonomie	— 22 5
„ Das Kapital, II. Auflage (in 9 Lief. à 10 Gr.)	3 — —
„ Der XVIII. Brumaire des Louis Bonaparte	— 15 —
W. Eichhoff, die Internationale Arbeiter-Assoziation	— 5 —
Hillmann, Internationale Arbeiter-Assoziation	— 1 5
Eccarius, Eines Arbeiters Widerlegung der national-ökonomischen Lehren J. Stuart Mill's	— 5 —

Johannes Huß
m und Conzil, Antwort auf die 21 Ca
ierung für die deutsch. **Mordspatri**
Sendschreiben an die Egoisten
am Gründungsfest der Metallarbeitersch
Dresden, den 3. September 1872" vo
Schauer.

r für Gewerbtreibende. (Auch in 8
phien von Marx, Lassalle, Blan
Ferré, Milliere, Delescluze, Ro
Feuerbach 2c., in Visitenkartenformat
ppenbilder (Tableaux) der sog. Wiener=, Bra
chweiger=, Leipziger= und Pester=Hochverräth
Kabinetformat

le: Arbeiterfrage, Leipziger Rede
Ueber Verfassungswesen
An die Arbeiter Berlins
Offenes Antwortschreiben
Macht und Recht
Hochverrathsprozeß
Fichte's politisches Vermächtniß
„ Philosophie
Ronsdorfer Rede
Arbeiterlesebuch
Arbeiterprogramm
Die Wissenschaft und die Arbeiter
Criminalprozeß II. Instanz
Bastiat=Schulze von Delitzsch
Der italien. Krieg u. die Aufgabe Preu
Franz von Sickingen
System der erworbenen Rechte
Düsseldorfer Assisenrede
Die Feste, die Presse 2c.
Was nun?
Julian Schmidt
Erwiderung auf eine Recension der K
zeitung über das Buch Herr Bastiat=Sc

Der Volksstaat